Silvia Weidinger
Manifestation der Liebe

Silvia Weidinger

Manifestation der Liebe

Rediroma-Verlag

Bibliografische Information der Deutschen Nationalbibliothek:
Die Deutsche Nationalbibliothek verzeichnet diese Publikation in der Deutschen Nationalbibliografie; detaillierte bibliografische Daten sind im Internet über http://portal.dnb.de abrufbar.

ISBN 978-3-98527-696-7

Umschlagillustration:
fredex (shutterstock.com)
LilKar(shutterstock.com)

www.rediroma-verlag.de
18,95 Euro (D)

Es ist nicht mein Schmerz. Es ist der Schmerz des Abstiegs der Menschheit, der auf mir liegt und den ich schon mein ganzes Leben wie einen Dorn in meinem Herzen trage.

Inhalt

Vorwort

Vor ungefähr 15 Jahren kam in mir das erste Mal der Gedanke und der Wunsch auf, ein Buch zu schreiben. Zu diesem Zeitpunkt war mir absolut nicht klar, woher dieser Gedanke kam. Vor ein paar Jahren erzählte mir mein Papa, dass er auch gerne ein Buch schreiben würde, über die Bauwirtschaft. Ich widme mein Buch deshalb meinem Papa, denn er konnte sein Vorhaben leider nie in die Tat umsetzen. Er ist im Oktober 2020 verstorben. Ich bin fest davon überzeugt, dass er von seiner Ebene aus daran teilhat und sich darüber freut.

Ich habe diesen Gedanken immer wieder mehr oder weniger erfolgreich verdrängt und als unsinnig und unwichtig abgetan. Seit einigen Monaten verfolgt mich dieser Gedanke aber sehr intensiv und seit ganz kurzer Zeit spüre ich, dass es existenziell wichtig ist, für mich mein Buch zu schreiben, um einerseits wichtige Botschaften in die Welt zu bringen, um dadurch meine göttliche Mission in dieser Inkarnation zu vollenden, und andererseits liegt in der Umsetzung dieses Projektes der Schlüssel zu meiner vollkommenen Heilung.

Eigentlich wollte ich erst im Herbst 2022 mit dem Schreiben des Manuskripts beginnen. Doch der Impuls wurde immer stärker und ich wurde von der Geistigen Welt unentwegt mit Botschaften und Wortfetzen für mein Buch überhäuft, sodass ich diesen Druck in mir nicht mehr aushalten konnte. Es ist wie die Geburt meines Kindes, die kurz bevorsteht und sich durch Wehen ankündigt. Jeder,

der schon ein Buch geschrieben hat, weiß wahrscheinlich, was ich damit meine.

Vorhersage eines Engels

Vor einigen Jahren, ich war ungefähr 17 bis 18 Jahr alt, teilte mir der Schutzengel meiner Mama in einem Channeling mit, dass ich in ferner Zukunft berühmt werden würde. Ich konnte absolut gar nichts damit anfangen und konnte mir das überhaupt nicht vorstellen, wie das gehen sollte. Außerdem hatte ich das überhaupt nicht angestrebt, da es für mich keinerlei Bedeutung hatte. Im Gegenteil, denn ich war total ängstlich und unsicher und wollte mich einfach nur verstecken. Deshalb lehnte ich diese Botschaft unter Tränen ab. Zu diesem Zeitpunkt war ich Meilen weit weg davon, ein Buch zu schreiben. Ich spürte absolut keinen Impuls dazu, da die Zeit einfach noch nicht reif war und ich mich damit total überfordert fühlte. Aber durch seine Botschaft wurde damals schon der Samen für dieses Projekt in mir gepflanzt, darum sehe ich es heute als wichtig und richtig, dass ich diese Mitteilung zu dieser Zeit erhalten hatte. So konnte sich der Samen in mir verankern.

Ich schreibe dieses Buch aber nicht mit der Absicht, berühmt zu werden – das ist für mich nur ein Nebeneffekt. Mein Ziel ist es, die Liebe Gottes zu verkünden und mich mit meiner Energie auszudrücken, um so mitzuwirken, dieses Bewusstsein nachhaltig auf der Erde zu manifestieren. Ich möchte mit klaren und einfachen Worten die Herzen öffnen und sie berühren, so wie Jesus es bei mir und vielen getan hat. Denn nur geöffnete Herzen sind bereit die Liebe Gottes zu spüren, anzunehmen und sie wieder zu verströmen.

Außerdem möchte ich auf diesem Wege die starke Verbundenheit und meine große Liebe zu Jesus öffentlich ausdrücken und mein Zeugnis dafür ablegen.

Mit meinem Buch möchte ich außerdem all jenen Mut machen, die genauso wie ich den Ruf vernehmen, die eigene Wahrheit endlich auszudrücken und ihren göttlichen Auftrag zu erfüllen.

Nun ist die Zeit gekommen, zu mir selbst und meiner Wahrheit zu stehen und mit meinem Buch endlich mein Schweigen zu brechen, um meinen Auftrag in dieser Inkarnation zu vollenden. Das dient einerseits meiner eigenen Heilung und andererseits diene ich damit auch der Menschheit und dem Wohle aller.

Ich spürte die große Unterstützung der geistigen Welt, vor allem von Erzengel Gabriel. Er ist der Überbringer guter Nachrichten und der Engel der Schriftsteller und Autoren – durch Eingebungen und die unglaubliche göttliche Tat- und Schaffenskraft und Schöpferenergie.

Die Botschaft der Liebe muss jetzt in die Welt, deshalb durfte ich nicht mehr länger damit warten.

Jeder Einzelne von uns wird in dieser Zeit gebraucht, um mit seinem Erwachen die Energie der Neuen Zeit ein für alle Mal und nachhaltig auf Erden einzuläuten und zu verankern. Die Erde braucht uns. Wir sind mit unserem Bewusstsein der göttlichen Einheit und unserer Energie der Liebe und der Menschlichkeit das Gegengewicht zur Energie der Trennung und des Egos auf der Erde. Deshalb ist jetzt die Zeit gekommen, in der wir uns bewusst werden müssen, welchen Auftrag wir erfüllen dürfen und wer wir sind. Es geht darum, uns der Welt endlich offen zu zeigen, damit sich unsere Energie sichtbar in der Welt der Dualität entfalten und wirken kann.

Wir Krieger des Lichts sind von der Geistigen Welt aufgerufen, genau jetzt zu unserer inneren Größe zu stehen. Wir alle wurden dazu in die Welt gesandt, um unsere eigenen Ängste, Blockaden und Glaubensmuster aufzulösen, um endlich wieder mit unserem Licht Strahlen sichtbar werden und unser Potenzial entfalten zu können. Nur so können und werden die verkrusteten und verhafteten Energien der Dualität, die sich einst wie ein grauer Nebel über die Erde gelegt haben, endgültig und nachhaltig transformiert und aufgelöst werden.

Wir, die Hüter des Lichts, sind Vorreiter und die Erbauer der Neuen Zeit. Wir haben uns gemeinsam dazu entschieden, hier und jetzt, in dieser Inkarnation, der Erde zu dienen und beim Aufstieg dabei zu sein, um mit unserem göttlichen Bewusstsein eine Neue Erde zu erschaffen, und diesmal wird es durch die Unterstützung und die Führung der Geistigen Welt gelingen. Jetzt gibt es keinen Weg mehr zurück – Gott sei Dank.

Ich bin so dankbar und freue mich über jeden Einzelnen, den ich hier wieder getroffen habe, und bin gespannt, wie vielen Seelen, die gemeinsam mit mir und mit Jesus inkarniert waren, ich noch begegnen darf.

Lasse deinen Verstand für diesen Moment zurück und vertraue dich völlig deinem Herzen an und folge seiner Führung. Nur dein Herz kennt den Weg zu deiner Seele und nur deine Seele kennt den Weg zu Gott in dir. Lass dich einfach fallen und du wirst von den göttlichen Schwingen ins neue Bewusstsein getragen und so Erfahrungen machen, die dir im rein menschlichen Bewusstsein und im Verstand verwehrt bleiben werden.

Gott und das damit verbundene Bewusstsein kann der Verstand niemals erfassen und begreifen, weil es außerhalb seiner Reichweite und jenseits von Raum Zeit liegt.

Einleitung

Ich kann mein göttliches Sein nicht mehr länger für die Illusion opfern, weil mir dies durch meinen persönlichen Aufstieg nicht mehr möglich ist. Ich muss jetzt endlich für die göttliche Wahrheit und die Liebe, die in Jesus in die Welt gekommen ist, einstehen.

Du sollst nur meine Liebe sein! Diese Information bekam ich von Gott während eines Channelings. Diese Worte haben mich tief in meinem Herzen berührt und lassen mich nicht mehr los. Zu diesem Zeitpunkt kannte ich meinen Auftrag in seiner Dimension aber noch nicht. Ich höre diese Weisung von Gott in mir immer wieder und ich spüre die starke Kraft, mit der mich seine Worte durchströmen. Für mich ist die Liebe Gottes das höchste Ziel, das ich als Seele und auch als Mensch erreichen möchte.

Wer glaubt, dass ein Leben ohne Gott möglich ist, der erkennt sich selbst nicht an und achtet sich selbst und das Leben nicht, denn Gott ist das Leben und Gott lebt durch und in uns!

Alles im Universum ist Energie, jeder Gedanke, jedes Wort, die fein- und grobstoffliche Materie, wir selbst sind reine Energie. Die Liebe aber ist die stärkste und größte unter ihnen. Die Liebe ist der Anfang und hat kein Ende. Die Liebe ist die göttliche Essenz allen Seins, die alles, was ist, ewig durchströmt.

Die Liebe Gottes und sein Geist übertönt alle Schatten der Dualität. Die Liebe und der Geist Gottes haben die Macht, uns jegliches Leid und jede Angst im menschlichen Sein zu nehmen. Durch die Liebe Gottes wird selbst unsere

Angst vor dem Sterben und dem physischen Tod verwandelt.

Die göttliche Liebe unterscheidet sich grundlegend von der rein menschlichen Liebe, denn sie übersteigt mit ihrer unendlichen reinen Energie alle Grenzen jener Liebe, die wir als Mensch mit unserem rein menschlichen Bewusstsein kennen und zu schenken vermögen. Sie übersteigt alle Grenzen des Universums. Ihre Energie kommt aus der Ewigkeit des göttlichen Seins. Die Liebe ist reine Wahrheit, die ewig war und ewig Bestand haben wird.

Gott ist reine bedingungslose Liebe und ohne seine Liebe, also letztlich ohne Gott selbst, ist kein Leben möglich, da wir alle, jedes einzelne noch so winzige Lebewesen, von ihm kommen und durch den Atem seiner Liebe beseelt, lebendig und am Leben erhalten werden.

Ich habe gehört, dass daran gearbeitet und geforscht wird, einem Knochen Leben zu geben. Das ist aufgrund dieser Tatsache aber unmöglich, da nur Gott uns mit seiner Liebe Leben einhauchen kann.

Sie können zwar unseren Leib töten, aber sie können nicht das Ewige in uns vernichten – unser Herz, unsere Seele und die göttliche Wahrheit. Unser ewiges Sein ist unantastbar und unabhängig von der Dualität. Bei unserer Seele und in der Herzensenergie sind wir zu jeder Zeit verbunden und haben ewigen Zugriff auf das, was und wer wir sind. Unsere Seele bewahrt unsere Weisheit und die Wahrheit so lange in ihrem Schoß, bis wir bereit sind und der richtige Zeitpunkt gekommen ist, an dem wir uns selbst wiederkennen, uns erinnern und unser wahres Selbst anerkennen.

Erinnerungen an eine besondere Inkarnation

Vor 2000 Jahren habe ich gemeinsam mit vielen Gleichgesinnten etwas begonnen. Es ist eine Kraft, die bis zu diesem Augenblick in meinem Energiekörper wirksam ist und mich seit damals begleitet, führt und ruft. Diese Kraft und Energie ist der Grund, warum ich genau zu dieser Zeit des absoluten Wandels und dem Aufstieg von Mutter Erde wieder hier bin. Ich muss etwas Großes vollenden, das mächtiger und größer ist als ich selbst. Es ist das Mächtigste, das ich bisher in meinem Leben gespürt habe. Ich bin bereit, alles dafür zu geben und alles auf mich zu nehmen und ich bin sogar bereit, dafür zu sterben. – Es ist die Mission meiner Seele. Diese Mission ist auch der Grund, warum ich dieses Buch schreibe, da die Veröffentlichung für mich von existenzieller Bedeutung ist. Ich spüre, dass ich damit der Welt einen Dienst erweisen kann und ich damit einen Teil meines Auftrags erfüllen darf.

Zu jener Zeit habe ich als der Jünger Johannes gelebt. Mein gesamtes Wissen und alles, was ich von Jesus gelernt habe und bei ihm erfahren durfte, habe ich in diese Inkarnation mitgebracht, um es wieder anzuwenden und um seine unendlich beglückende Energie und seine Wahrheit zu verbreiten und so meinen Auftrag genau zu dieser Zeit fortzuführen. Ich gehörte mit vielen anderen Frauen, Männern und Kindern zu seinen engsten Vertrauten und wir haben gemeinsam die Botschaft und die Energie der Liebe Gottes verkündet und verbreitet. Das ist die einzige Inkarnation, an die ich mich erinnern kann.

Jahrelang habe ich diese tiefe und große Offenbarung, die ich ganz deutlich erhalten habe, aus Angst vor dieser

Wahrheit und vor meiner göttlichen Größe verdrängt und für mich behalten. Doch nun ist diese Energie in mir so stark geworden, dass ich meine Wahrheit, meine Erfahrungen und mein Sein nicht mehr länger zurückhalten kann. Durch die Unterdrückung dieser großen Wahrheit und Offenbarung habe ich mich selbst verleugnet aus Liebe und Rücksichtnahme, um niemanden mit dieser unendlich starken Energie zu überfordern. Durch die Verleugnung meiner selbst habe ich mir einen großen Schmerz zugefügt. Das hat dazu geführt, dass ich diese Energie, die in mir so stark wirkt, fast nicht mehr in meinem physischen Körper halten konnte und ich kaum noch geerdet war. Dies diente als Schutzmechanismus, um dieser Energie und dem damit verbunden Druck nicht mehr so stark ausgesetzt zu sein und um meine jetzige Inkarnation überhaupt weiterführen zu können. Ich war durch meine Schwingung, die ich als Seele in diese Inkarnation mitgebracht habe, die nicht der 3. Dimension entspricht, und durch die schwierigen Umstände in meiner Familie ohnehin schon immer einem großen Energiegefälle ausgesetzt und musste meine Frequenz immer drosseln.

Seit Beginn des Aufstiegs von der 3. in die 5. Dimension sind wir alle einem starken Energiegefälle ausgesetzt. Das Energiegefälle entsteht dadurch, dass wir am Beginn unseres persönlichen Aufstiegs immer wieder zwischen den beiden Dimensionen hin und her pendeln. Die Frequenz der 3. Dimension schwingt deutlich niedriger als die Energie der 4. und 5. Dimension (die 4. Dimension dient hier nur als Übergangsebene). Immer wenn wir uns mit unserer Aufmerksamkeit in der 3. Dimension befinden, wirken unterschiedliche Schwingungen auf unser Energiesystem ein. Dadurch kann es sein, dass wir uns unwohl fühlen und in einem Moment total glücklich und im nächsten Moment total traurig sind, ohne zu wissen, warum. Das kommt daher, weil wir uns immer mehr an diese Ebene erinnern und das Licht und die Liebe spüren und eigentlich nicht mehr in die 3. Dimension zurückwollen. Doch am Anfang dieses Prozesses können wir die Aufstiegsenergie noch nicht so lange im physischen Körper (aus)halten und pendeln zwischen den Ebenen hin und her. Mit Fortdauer des Aufstiegsprozesses gewöhnen wir uns immer besser an diese hohen Energien. Dadurch werden die Momente des hin und her Pendelns zwischen den Ebenen immer seltener und wir können uns immer länger und öfter in dieser hohen Frequenz aufhalten, da wir uns immer besser darauf einstellen und die Energie immer länger im Körper halten können. Das Energiegefälle macht sich vor allem durch sogenannte Aufstiegssymptome wie z.B. Schwindel, Kopfschmerzen, Bauch- und Muskelschmerzen, Herzrhythmusstörungen, Panikattacken und ein pfeifendes Geräusch im Ohr bemerkbar. Diese Symptome haben keine körperliche Ursache. Unser Körper wird von der Geistigen Welt auf diese hohen Frequenzen vorbereitet. Unser Energiesystem wird nach und nach darauf eingestellt. Die Geistige Welt hebt unsere Frequenz langsam und behutsam an und das stellt für unseren physischen Körper natürlich eine Belastung und eine Herausforderung dar, weil er erst lernen muss, mit diesen neuen höheren Frequenzen umzugehen. Es ist jetzt das erste Mal möglich im physischen Körper in höhere Ebenen aufzusteigen. Vorher mussten wir sterben, um diese Energien spüren und aufzusteigen zu können.

Als Schüler und Jünger von Jesus wurde ich geschult und auf meine bevorstehe Aufgabe als Verkünder der Liebe Gottes vorbereitet und erhielt dafür viele Einweihungen, die ebenfalls bis zum jetzigen Augenblick ihre Wirkung entfalten.

Auch die Kreuzigung Jesu habe ich ganz nahe miterlebt. Ich habe Jesus auf seinem letzten irdischen Weg als treuer Freund begleitet und versucht ihm so gut wie möglich beizustehen. Ich musste sein Leiden und seinen Schmerz mit ansehen und habe mir damals gewünscht, an seiner Stelle am Kreuz zu sterben.

Durch meinen tiefen Glauben und von der Liebe Gottes erfüllt, habe ich bis zuletzt gehofft und dafür gebetet, dass Jesus bei uns bleibt und dieses Schicksal an ihm vorübergehen möge. Doch es war sein Weg, den er gehen musste, und Jesus wusste, dass es so geschehen würde, weil die Angst und die Ablehnung der Wahrheit, die durch Jesus in die Welt kam, noch zu groß waren.

Dennoch waren seine Hinrichtung und sein Tod ein Schock für mich und die Energie seines erlittenen Schmerzes, den er während seiner Kreuzigung durchmachen musste, sowie mein Schuldgefühl, weil ich es nicht verhindern konnte, sind bis heute in meinem Energiefeld spürbar und wirksam. Das war mir aber bis vor ganz kurzer Zeit in dieser Form nicht bewusst. Ich durfte diese Erkenntnis durch einen ganz wichtigen und lieben Menschen erhalten.

Ich wollte Jesus davor bewahren und beschützen, doch es ist mir nicht gelungen und auch wenn ich an seiner Stelle gekreuzigt worden wäre, hätte das nichts daran geändert, dass wir die Liebe damals noch nicht gänzlich auf der Erde manifestieren konnten.

Ich spüre es als meine absolute Lebensaufgabe, diese Mission in der ewigen Verbundenheit mit Jesus und seiner lichtvollen Unterstützung weiterzuführen und in seinem Namen für die Menschheit und für alle Geschöpfe zu wirken.

Mein spiritueller Weg
1. Teil: Kindheit

Kleine Rebellin

Meine Kindheit war für mich oft nicht einfach. Ich wurde in schwierige Familienverhältnisse hineingeboren. Ich fühlte mich in meiner Familie oft fremd und der Gedanke, wo bin ich denn hier hingeraten, begleitete mich immer wieder. Ich fühlte mich wie eine Außerirdische sowohl in meiner Familie und auch sonst hatte ich immer wieder das Gefühl nicht dazu zu gehören. Nicht in diese Welt zu gehören, nicht von hier zu sein. Immer schon spürte ich, dass ich anders bin als die durchschnittliche Masse der Menschen und auch anders als meine Familie. Ihre Energie war zum damaligen Zeitpunkt noch sehr stark in der Dualität verhaftet und die Umstände in meiner Familie waren oft sehr schwer. Viele Erfahrungen, die ich in meiner Familie gemacht habe, waren traumatisch für mich.

Während einer energetischen Sitzung erfuhr ich, dass ich für meine Familie Licht bin und dass es wichtig war, dass ich mich bei ihnen inkarniert habe, um ihre Frequenz anzuheben.

Ich habe eine starke Kraft von Abwehr und Auflehnung in mir gespürt. Sehr häufig und sehr heftig habe ich rebelliert, wenn ich etwas tun sollte, was für mich keinen Sinn ergab und was ich nicht verstehen konnte. Ich habe mich auch gegen Grenzen gewehrt, die mir gesetzt wurden, und gegen alles, zu dem ich gezwungen wurde. In meiner Familie und meinem Umfeld kam mir oft Unverständnis entgegen. Ich wurde manchmal als aufmüpfig und bösartig bezeichnet.

Auch in der Schule hatte ich Probleme, weil ich viele Sachen, welche die Lehrer von mir verlangten, nicht machen wollte, dann, wenn ich keinen Sinn darin sah. Mit meinen Mitschülern hatte ich immer wieder Konflikte, weil ich ihr Verhalten nicht verstehen und akzeptieren konnte und weil sie mein Verhalten auch nicht verstehen konnten. Ich wurde zur Außenseiterin, zog mich entweder zurück oder reagierte mit Aggression gegen die Ablehnung. Oft nahm ich eine Beklemmung in mir wahr, war unglücklich, frustriert, aggressiv.

In den Momenten solcher Erfahrungen habe ich mich oft in meine geistige Heimat in meinem Herzen zurückgezogen, nur dort spürte ich Geborgenheit und Schutz. Heute weiß ich, dass es nur dadurch möglich war diese Ereignisse psychisch so gut zu meistern.

Umgekehrt suchte ich Nähe von Lehrern und Personen, die mich annahmen, wie ich war. Bei solchen Menschen wurde ich sehr anhänglich.

Damals wusste ich noch nicht genau, wogegen ich mich wehrte. Viel habe ich darunter gelitten, dass ich mich selbst und mein Verhalten nicht verstehen und mir nicht erklären konnte. Oft habe ich mich gefragt: „Warum verhalte ich mich so? Warum kann ich nicht liebevoll und sanft sein, obwohl ich nichts mehr will als in der Liebe zu sein?„ Viel habe ich darunter gelitten.

In meiner Kindheit schon wurde mir klar, dass das Leben der Menschen, so, wie es organisiert ist mit seinen Systemen, Normen und Erwartungen für mich zu eng und unpassend ist.

Große Schwierigkeit hatte ich damals schon mit der Unterteilung in Gut und Schlecht oder Böse, die in unserer

Welt so bestimmend ist und auf die wir täglich stoßen. Das Leben zwischen den beiden Polen von Gut und Schlecht bzw. Gut und Böse machte mir Angst. Deshalb zog ich mich in meine innere kindliche Welt zurück. Dort fühlte ich mich sicher und geborgen, beschützt und behütet.

Also versuchte ich mich über die Jahre krampfhaft der Lebensweise meines Umfeldes und unserer Gesellschaft anzupassen, um nicht aufzufallen, was mir aber nie wirklich gelungen ist.

Heute ist mir klar, dass ich damals schon spürte, dass ich einen großen Auftrag zu erfüllen habe und von der Geistigen Welt durch viele innere Prozesse und Neugeburten langsam, aber stetig energetisch und körperlich darauf vorbereitet und geschult wurde.

Unvergessliches Kindheitserlebnis

Es geschah einmal in der Abenddämmerung. Ich hielt mich mit meiner Mutter draußen vor unserem Haus auf. Vier oder fünf Jahre war ich alt. Ich schaute zum Himmel. Da war plötzlich die Frage in mir: „Wo wäre ich, wenn ich nicht hier auf Erden wäre? Wo komme ich her?“ Damals konnte ich dieses Erlebnis natürlich noch nicht einordnen und wusste nichts damit anzufangen. Ich habe niemandem davon erzählt, sondern habe es in meinem Herzen bewahrt. Heute weiß ich, dass diese Frage durch die Erinnerung an meine göttliche Heimat in mir aufgekommen ist.

Oft hatte ich das Gefühl, als würde mein Körper nicht zu mir gehören, als würde ich nicht in meinem Körper sein. Ich hatte kaum ein Körpergefühl und nahm meinen Körper oft nicht als meinen Körper wahr. Dann gab es Momente, wo mir plötzlich wieder bewusst wurde: „Ich bin in meinem Körper! Ich spüre meinen Körper!“ Das war für mich ein eigenartiges Gefühl, und ich kann es auch heute schwer in Worte fassen; denn diese Erfahrung liegt außerhalb meines Verstandes. Ich berührte meinen Körper in diesen Momenten, um ihn besser wahrzunehmen und um begreifen zu können, dass ich überhaupt in einem leiblichen Körper bin. Dieses Gefühl, in einem Körper zu sein, war für mich oft sehr schwer auszuhalten. Die Begrenzungen, die in meinem Körper spürbar waren, lösten in mir ein unangenehmes und beengendes Gefühl aus. Rückblickend ist mir klar, dass ich damals unwissend immer wieder aus meinem Körper ausgetreten und zwischen Erde und geistiger Welt hin und her gependelt bin. Ich war überhaupt nicht geerdet, das heißt, ich stand nicht mit beiden Beinen im Leben. Dieses Gefühl hatte ich meist vor dem Einschlafen. Darum hatte ich meist auch Angst vor dem Einschlafen. Ich hatte Angst, nicht mehr aufzuwachen. Damals war ich mir aber noch nicht über den Grund bewusst.

Heute weiß ich, dass diese Erfahrungen meiner frühen Kindheit aus der tiefen Verbundenheit mit Gott entsprungen sind. Durch sie breitete sich in mir ein ganz tiefes Erleben von Geborgenheit und ein tiefes Urvertrauen aus und in manchen Momenten wurde ich von einer unbeschreiblich großen Liebe erfüllt. Diese Liebe ist mit nichts auf dieser Welt zu vergleichen. Besonders intensiv war dieses Gefühl auch oft beim Einschlafen.

Der Zustand des nicht geerdet Seins hat bis zum jungen Erwachsenenalter angehalten. Durch Lektüre erfuhr ich später den Grund. Ich kam in der 32. Woche durch einen Kaiserschnitt zur Welt. Dadurch konnte ich den Prozess des Eingangs in den Geburtskanal nicht vollziehen. Dieser

Prozess ist aber entscheidend, um auf der Erde gut verwurzelt und geerdet zu sein. In meinem 21. Lebensjahr durfte ich diesen existenziell wichtigen Prozess bei einer heilenden Behandlung ganz bewusst vollziehen und nachholen. Dabei sah ich mich als Baby durch den Geburtskanal rutschen. Danach hatte ich extreme Rückenschmerzen und fühlte mich total gerädert wie ein Baby nach der Geburt.

Wunderschöne Gotteserfahrung

Eines Abends beim Einschlafen – ich war zehn Jahre alt – war mir, als würde Gott in meinem Herzen zu mir sprechen. Ich spürte wieder beglückende Liebe, die mein Herz und meinen Körper durchflutete. Auf einmal hatte ich den Gedanken: „Ich kann die unendliche Liebe Gottes nicht für mich behalten, sondern ich muss und möchte diese Liebe mit anderen Menschen teilen und sie weiterschenken." In meinem Herzen vernahm ich den Auftrag Gottes: „Silvia, schenke meine Liebe weiter an alte Menschen!" In diesem Moment erfuhr ich tiefe Bereitschaft, für alte Menschen da zu sein. Diesen Gedanken habe ich im Laufe der nächsten Jahre durch mein Ego wieder aus den Augen verloren.

Zu dieser Zeit habe ich meine Mutter nach einem Knie- und Oberschenkelhalsbruch gepflegt. Das war für mich einerseits eine große Herausforderung, und ich fühlte mich oft überfordert. Andererseits aber entdeckte ich, dass mir Gott die notwendige Kraft dazu gibt und mich über mich hinauswachsen lässt. Heute bin ich sehr dankbar für diese wertvolle Erfahrung, denn sie gab mir Selbstständigkeit, viel Weisheit, Selbsterkenntnis, seelische Reife und ein noch tieferes Gottvertrauen.

Meine Erstkommunion

An meine Erstkommunion erinnere ich mich, als ob sie gestern gewesen wäre. Es war ein sonniger Maitag und alle Menschen, die für mich zu dieser Zeit wichtig waren, waren dabei. Das allerschönste war für mich, dass wir und als gesamte Klasse darauf geeinigt hatten, statt der üblichen Erstkommunionkleider Kutten zu tragen. Ich war Ministrantin und durfte meine Ministranten-Kutte anziehen. In der Feier fühlte ich mich Jesus sehr nahe. Darüber war ich unbeschreiblich glücklich.

Auch die Vorbereitung auf die Erstkommunion war wunderschön. Ich hatte eine sehr liebevolle Tisch-Mutter, die mich wie ihre eigene Tochter gern hatte.

Außerdem hatte ich die Gnade, in der Volksschule einen liebevollen Religionslehrer zu haben, der uns mit Liebe, Begeisterung und Freude von Jesus erzählte und gut auf uns eingehen konnte. Ich hörte ihm immer gerne zu, wenn er von Jesus erzählte. Und in mir waren die Geschichten und Gleichnisse oft sehr lebendig und real. Manchmal hatte ich das Gefühl, in jener Zeit zu leben. Das kommt auch heute oft vor. Ich fühle mich der Zeit Jesu sehr nahe. Manchmal sehne ich mich danach, so mit Jesus zu leben wie damals seine Jüngerinnen und Jünger: in der großen Gemeinschaft mit allen, die Jesus lieben, seine Botschaft und seine Lehre im Herzen tragen und mit ihm in Einheit mit der Liebe Gottes und dem Heiligen Geist leben zu wollen.

2. Teil: Jugendzeit

Meine Berufswahl – auch eine Berufung

Zwischen meinem 13. und 15. Lebensjahr durchlebte ich eine weithin unbeschwerte Jugend. Ich machte das, was junge Leute in diesem Alter gerne tun. Als es darum ging, einen Beruf zu wählen, meldete sich zuerst mein Ego und ich wollte unbedingt mit dem Kopf durch die Wand. Ich wollte um jeden Preis eine Lehre als Bäckerin absolvieren, vor allem, um nicht dem aufgezwungenen Willen und der Entscheidung meiner Mutter zu folgen. Sie wollte, dass ich eine bestimmte Haushaltungsschule besuche, die von einem Frauenorden geführt wird. Sie entschied das, ohne mit mir darüber zu sprechen, und daher musste ich dagegen rebellieren; denn ich erkannte zu diesem Zeitpunkt darin überhaupt keinen Sinn für mich.

Aus verschiedenen Gründen war es mir nicht möglich, in dem ausgewählten Betrieb die Lehre zu beginnen. So folgte ich der Entscheidung meiner Mutter. Heute weiß ich, dass Gott mich damals gelenkt hat. Seine Führung zeigt sich mir jetzt im Nachhinein ganz deutlich. Ich hatte eine Aufnahmeprüfung zu machen, die ich auf Grund meiner Schwäche in Mathematik nicht geschafft habe. Aus mir damals völlig unerklärlichen Gründen wurde ich trotzdem aufgenommen. Heute weiß ich, dass es für mich nicht darum ging, dort eine Schulkarriere zu durchlaufen. Es war einfach nur wichtig, dass ich dort war, damit mein spirituelles Wachstum voranschreiten konnte. Mit sechzehn Jahren wurde bei mir eine Krankheit diagnostiziert, die durch Mobbing und der damit verbundenen seelischen Belastung ausgebrochen ist. Hier haben mein bewusster spiritueller

Weg und meine bewusste spirituelle Entwicklung begonnen, die ohne diese Umstände sicher nicht so schnell vorangeschritten wäre – davon bin ich überzeugt. Im Nachhinein betrachte ich meine Krankheit und alle Umstände, die dazu geführt haben, als großen Segen und ich bin Gott sehr dankbar dafür.

Durch den christlichen Schulalltag kam ich wieder in den bewussten Kontakt mit Gott und Jesus und wurde wieder auf den mir bestimmten Weg zurückgeführt. Darin fand ich mich sofort wieder. In der christlichen Gemeinschaft fühlte ich mich so wohl, dass ich eines Tages sogar den Entschluss fasste, in den Orden einzutreten, der diese Schule führte. Später erkannte ich wie durch eine Eingebung, dass ich für das Ordensleben nicht geschaffen bin.

So sorgte Gott also dafür, dass sich sein Plan erfüllte, den er damals im Alter von zehn Jahren in mein Herz legte. Ich entschied mich für die Ausbildung zur Altenfachbetreuerin und schloss sie erfolgreich ab. In meinem Beruf als Fachsozialbetreuerin für Altenarbeit erlebe ich, dass Gott mich für meinen Beruf berufen hat.

Meine spirituelle Berufung

Von meinem großartigen Religionslehrer in der Volksschule habe ich schon erzählt. Meine erste bewusste Begegnung mit Jesus machte ich damals im Religionsunterricht. Als ich zum ersten Mal von Jesus und seinem Wirken und seinen Gleichnissen hörte, kam in mir ein intensives Gefühl der Vertrautheit und innigen Verbundenheit und Liebe zu Jesus auf. Ich spürte, dass Jesus eine Liebe innehat ist, die in dieser Welt nirgends zu finden ist. Mit kindlichem Vertrauen wandte ich mich im Gebet an Jesus. Innig betete ich für die Heilung meiner erkrankten Mutter, dass sie nicht sterben muss. Während des Betens wurde ich jedes Mal in ein wohltuendes Gefühl von Geborgenheit und Sicherheit eingehüllt. Im Gebet konnte ich die Gegenwart Jesu sehr stark spüren. Zu diesem Zeitpunkt spürte ich schon den tiefen Herzenswunsch, nahe bei Jesus zu sein, mit ihm zu gehen und ihm nachzufolgen. Jesus wurde schon damals mein großes Vorbild, und ich versuchte so gut es mir damals möglich war, mich an ihm zu orientieren.

Schon in meiner Jugendzeit erkannte ich, dass ich zu mir selbst finden und erkennen muss, wer ich bin und wo mein Ursprung ist. Der Gedanke reifte in mir, dass ich ohne Nähe, Liebe und Kraft Gottes nicht leben kann. Ich vergleiche das mit einem Kind, das während des Spiels immer wieder schaut, ob seine Eltern noch da sind. Heute kann ich dieses Bedürfnis mit einem Gleichnis Jesu ausdrücken: Ich habe mein Lebenshaus auf Gott gebaut, damit es von Anfang an auf einem sicheren Fundament errichtet ist.

Meine bewusste spirituelle Entwicklung

Wie bereits erwähnt erkrankte ich mit sechzehn Jahren schwer. Ich musste Kortison einnehmen und bekam davon mit Fortdauer starke Depressionen. Ich war mit meinem Körper überhaupt nicht mehr einverstanden und fühlte mich total unwohl, weil ich durch die Wassereinlagerung aufgeschwemmt war und mein Körpergewicht stark zunahm. Nach einiger Zeit ging es mir körperlich zwar wieder besser, da die Symptome meiner Krankheit beseitigt waren, aber meiner Seele ging es schlecht. Es kam mir vor, als wollte sich meine Seele von meinem Körper trennen. Das machte meinen Zustand noch unerträglicher. Ich wusste nicht, was in mir vorging, und ich hatte keine Kontrolle mehr über mich. Mein Verstand war so gut wie ausgeschaltet. Ich war mir oft nicht sicher, ob ich noch in meinem Körper bin, und ich konnte die Grenzen und den Übergang zwischen der Materie und der geistigen Welt nicht mehr wahrnehmen. Diese Situation wechselte mit Augenblicken, in denen ich mich plötzlich eins mit Gott fühlte. In solchen Momenten erfuhr ich mich zwischen den Welten. In dieser Phase erhielt ich die Offenbarung, dass ich als Jünger Johannes mit Jesus inkarniert war.

Mit jemandem darüber zu sprechen, war ich nicht in der Lage. Für meine Familie, besonders für meine Mutter, war diese Zeit eine große Herausforderung. Sie war mit meinem Zustand einfach überfordert. Ihr und der Geistigen Welt habe ich es zu verdanken, dass ich durch diesen totalen Kontrollverlust nicht in der Jugendpsychiatrie gelandet bin.

In dieser Zeit verstärkte und intensivierte sich die Beziehung zu Gott. Ich fühlte meinen Schutzengel nahe und meinen verstorbenen Großvater, den ich nur aus Erzählungen meiner Mutter und von alten Fotos kannte. Ich fühle mich bis heute stark zu ihm hingezogen. Wir sind uns in unserem Wesen und in unserer Spiritualität sehr ähnlich. In jener Zeit durchlebte ich eine spirituelle Wandlung, mein Ego wurde verwandelt und machte eine bewusste Reinigung durch. Damals fand auch meine Firmung statt. Auf Grund meiner Krankheit und der Krankenhausaufenthalte war ich kaum in der Lage, an der Firmvorbereitung teilzunehmen. Dennoch durfte ich das Firmsakrament empfangen. Wie bei vielen anderen Ereignissen erkannte ich später darin Gottes Wirken an mir und dass meine Firmung eine ganz wichtige Stufe in meiner spirituellen Reifung war.

In der Nacht vor meiner Firmung

Es kam mir vor wie ein Traum. Ich sah auf einmal großes, hell flackerndes Feuer. Es brannte sehr kräftig. Ich deutete es als Feuer der Liebe Gottes, das in meinem Herzen brennt, und ich spürte, dass ich für die Liebe Gottes brenne.

Meine Firmung mit der Botschaft: „Silvia, sei besiegelt durch die Gabe Gottes, den Heiligen Geist" durfte ich ganz bewusst erleben.

3.Teil: Erwachsenenalter – Tiefe Sehnsucht nach mehr

Bereits im jungen Erwachsenenalter erkannte ich, dass ich nicht dazu geboren bin, einfach nur ein „normales“ Leben in der Masse zu führen, sondern dass es in meinem Leben um viel mehr geht und gehen muss, als nur meiner Arbeit nachzugehen, Geld zu verdienen, zu essen, zu schlafen und an der Spaßgesellschaft teilzunehmen, und sehr oft fiel es mir schwer, meinen Alltag zu leben. Ich führte meinen Beruf mit großer Freude aus und ging meinen Hobbys nach. Trotzdem hatte ich immer das Gefühl der Unvollständigkeit und einer gewissen Leere. Ich spürte eine tiefe Sehnsucht nach mehr.

Mir war bald klar, dass ich das, was ich im Außen mache, und die Rollen, die ich ausführe, meine tiefe Sehnsucht nicht stillen können. Ich erkannte immer deutlicher, dass ich meine wahre Erfüllung nicht im Außen finde, sondern nur, wenn ich meinen Blick auf das Unvergängliche und Ewige richte.

Darum begab ich mich auf die bewusste Suche nach mir selbst, nach meiner wahren Bestimmung und nach Gott in mir. Dazu suchte ich oft die Stille und hörte in mein Herz. Ich fing an, mich ganz bewusst der Führung Gottes anzuvertrauen, und übergab ihm mein Leben mit allem, was zu mir gehört. Von da an konnte Gott bewusst in mir wirken und mir immer deutlicher seinen Willen offenbaren.

Am Beginn meiner spirituellen Entwicklung wurde ich manchmal von Selbstzweifeln, Ängsten und dem Gefühl der Minderwertigkeit geplagt. Ich dachte: „Ich bin überheblich und ich darf doch nicht meine innige Gottverbundenheit zeigen. Ich bin doch nur ein einfacher Mensch mit vielen Schwächen und Fehlern."

Nach und nach erkannte ich, dass die Nachfolge Jesu wirklich meine Berufung und meine Lebensaufgabe ist, und dass ich Gott und Jesus auch in meinem Körper als irdischer Mensch ganz nahe sein kann. Diese Erkenntnis wurde durch eine unendlich beglückende Erfahrung mit Jesus, die sich, während ich eine Reiki-Behandlung erhalten durfte, manifestierte. Ich spürte und sah plötzlich, dass ich von einem unendlich hellen, starken weißen Licht eingehüllt wurde. In diesem Moment war es so, dass der Lichtkörper von Jesus mit meinem eins war und Jesus gab sich mir als mein Geistführer zu erkennen. Ich kann das nicht in Worte fassen, was in diesem Moment passiert ist. Ich war so überwältigt, weil ich überhaupt nicht mit dieser Begegnung gerechnet hatte. Meine Energetikerin bemerkte das auch alles und ich kann mich noch an das erinnern, was sie zu mir in diesem Moment gesagt hat. Das werde ich nie vergessen und es ewig mit Liebe, Demut und Dankbarkeit in meinem Herzen tragen. Ich bekam auch Bilder von mir aus meiner Inkarnation mit Jesus. Das ist neben meinem Leben in Lemurien die einzige Inkarnation, an die ich mich erinnern kann und aus der ich Kraft schöpfe.

Diese Erfahrung sehe ich heute als meinen spirituellen Durchbruch. Mir wurde klar, wie wichtig es ist, geerdet zu sein, in meinem Körper hier auf Erden zu wohnen und so den Auftrag Gottes zu erfüllen, seine Botschaft von seiner ewigen Liebe weiterzugeben. Gleichzeitig entwickelte ich auch eine große Liebe zu Mutter Erde. Ihr Wohlergehen liegt mir seither noch mehr am Herzen.

Dieser Gedanke setzte sich immer tiefer in meinem Herzen fest: Wenn ich mich selbst als reine Liebe Gottes erfahre und annehme, dass die Liebe Gottes mein Ursprung ist, dann bin ich auch dazu in der Lage, meinen Nächsten als Liebe Gottes zu erkennen und anzunehmen und zum Wohle aller zu handeln, weil mein Herz und meine Hände groß genug sind und weil auch das meine Aufgabe ist, meine Liebe allen zu schenken und alle, die bereit sind, mit hinein zu nehmen bzw. sie wieder an die Liebe Gottes und ihren göttlichen Funken zu erinnern. Egal, welche Vergangenheit zu ihnen gehört. Das ist meine Verantwortung und meine Pflicht, die mir von Jesus ins Herz gelegt wurde, und ich wurde darin auch geschult von der Geistigen Welt und von Jesus selbst.

Meine tiefe Sehnsucht nach der bewussten Einheit mit Gott und Jesus ließ meine spirituelle Entwicklung voranschreiten. Damit hat sich für mich mein größter Herzenswunsch erfüllt. Ich kann mir bis heute nichts Schöneres vorstellen, und es gibt für mich nichts Beglückenderes als die innige Verbundenheit mit Jesus und dem Vater im Himmel.

Neben meiner Berufung, als Engelmedium in der bewussten Zusammenarbeit mit der Geistigen Welt für die Menschheit und die Erde zu wirken, gibt mir mein Beruf als Dipl. Sozialbetreuerin für Altenarbeit Woche für Woche die Möglichkeit, am Aufbau des Reiches Gottes mitzuwirken und die Liebe Gottes an alte Menschen weiterzugeben. Meine Tätigkeit gibt mir große Erfüllung und schenkt Freude. Daran erkenne ich immer wieder aufs Neue, dass mich Gott tatsächlich auch hier auf diesen Platz gestellt hat.

Natürlich gehe ich in meinem Beruf auch mitunter durch Zeiten, in denen ich an die Grenzen meiner Belastbarkeit stoße und mein Beruf mich fast zu überfordern scheint. Nach jeder beruflichen Krise, in der ich den Gedanken hatte, ich schmeiße alles hin und höre auf, spüre ich aber die Liebe zu den mir anvertrauten Menschen stärker als zuvor und auch wenn ich glaube, ich schaffe es nicht mehr, bekomme ich immer wieder neue Kraft und Energie, um meinen Beruf weiter auszuüben. Ich kann hier doch auch einen lichtvollen Beitrag leisten, damit sich die Menschen zumindest ein Stück wohler fühlen und ich kann immer wieder ihr Herz berühren und ihren Lebensabend positiv mitgestalten.

Meinen zweiten spirituellen Durchbruch verdanke ich der Ausbildung zum Engelmedium bei Belgin Groha, die ich im März absolvieren durfte. Ich kann nur sagen: „Wow" – einfach magisch und mystisch.

Gott hat mir bis heute unzählige schöne Überraschungen geschenkt. Mutig und voller Vertrauen gehe ich meinen spirituellen Weg in inniger Beziehung mit Gott weiter und bin offen für alles, was Gott für mich noch bereithält.

Jesus im Herzen nachfolgen

Als ich im Religionsunterricht zum ersten Mal mit Jesus in Berührung kam, wurde etwas in mir ausgelöst. Ich war total fasziniert von seiner Geschichte und seinem Wirken und konnte gar nicht genug davon bekommen. Ich habe von Anfang an in meinem Herzen gespürt und erkannt, dass mit Jesus die reine Liebe Gottes in die Welt gekommen ist. Ich wusste aber noch nicht, dass es auch etwas mit mir zu tun haben würde und dass seine Geschichte auch ein

Teil meiner Geschichte ist. Ich spürte einfach nur, dass mich seine Ausstrahlung und sein Sein wie ein Magnet anzogen und mich seine Liebe ganz tief im Herzen berührte. Von da an wollte ich einfach nur bei ihm sein, weil seine Energie einfach nur unendlich angenehm und schön ist und ich spürte, dass etwas von ihm ausgeht, dass nur bei ihm zu finden ist. Ich konnte es als Kind aber natürlich noch nicht in Worte fassen und benennen und das war auch gar nicht notwendig. Ich habe einfach mit kindlichem Vertrauen und mit meinem kindlichen Herz seine Nähe und seine Liebe, die er mir geschenkt hat und mit der er mich besonders beim Einschlafen durchströmte, genossen. Nur seine Liebe hat mich durch die dunklen Zeiten meiner Kindheit getragen. Seiner Liebe verdanke ich es, dass ich die traumatischen Erlebnisse ohne psychischen Schaden überstanden habe. Seine Liebe wirkte in mir wie ein Medikament und Jesus war mein Psychologe und mein Seelsorger. Niemand hat mich in meinem Herzen so tief und nachhaltig berührt wie Jesus.

In mir kam eine tiefe Sehnsucht auf und der Wunsch war in mir, dass ich Jesus nachfolgen möchte und so sein und wirken möchte wie er. Zu diesem Zeitpunkt war ich mir aber absolut nicht bewusst, was es bedeutet Jesus, nachzufolgen. In meinen Träumen war alles so wunderschön. Ich sah und spürte nur die lichtvollen Seiten darin. Erst im jungen Erwachsenenalter wurde mir durch meine wachsende spirituelle Entwicklung und durch tiefe Erkenntnisse die Tragweite meines Wunsches und meines Traumes bewusst, als ich erkannte, dass damit auch Schatten verbunden sind. Ich befand mich aber bereits auf dem Weg und wurde darauf vorbereitet und geschult, Jesus im Herzen nachzufolgen, und ich erkannte immer mehr, was damit auf mich zukommt. Meine Entscheidung, mein Leben Jesus und der Liebe zu schenken, ist in mir ungebrochen. Ich möchte den lichtvollen Spuren von Jesus nachgehen und dabei meine lichtvollen Fußspuren im Sand hinterlassen.

Wer Jesus nachfolgen möchte, muss durch Transzendenz sich selbst mit allen bisherigen Erfahrungen, jeglichen Begrenzungen, Glaubenssätzen, Bewertungen und Wertvorstellungen überschreiten und sein menschliches Ich ein Stück weit zurücklassen, um sich energetisch und auch menschlich ausdehnen zu können. Auch die reine Absicht des Herzens ist eine Grundvoraussetzung dafür.

Die Neue Zeit schenkt uns durch verschiedene Lebensumstände die Chance zur Transzendenz. Wenn wir unser eigenes Ich überschreiten, dehnen sich unsere inneren Grenzen aus. So wird es möglich unsere Blockaden zu lösen, Ängste zu überwinden und alte Glaubenssätze zu transformieren. Damit heilen wir nicht nur uns selbst, sondern leisten einen wesentlichen Beitrag zum Wohle aller, weil wir mit unserer Energie das kollektive Feld positiv nähren und damit verändern. Das tiefe Vertrauen in die göttliche Führung ist die Grundvoraussetzung, damit wir neuen unbekannten Boden betreten und höhere göttliche Ebenen erreichen können.

Transzendenz ist in nächster Zeit für das Wachstum der Menschheit wichtig, denn nur so können wir uns gemeinsam weiterentwickeln. Wir bekommen dazu alle Unterstützung aus der Geistigen Welt. Wir sind umgeben von Heerscharen von Licht- und Sternenwesen. Sie sind mitten unter uns. Wir brauchen nur unser Herz zu öffnen, dann werden wir eine unendlich starke und neue Energie spüren, die in uns wirksam wird.

Im bedingungslosen Vertrauen in die göttliche Führung in uns und im Loslassen der Kontrolle liegt die einzige Sicherheit. Dies ist die Voraussetzung, um jetzt in die nächsten Seins-Ebenen aufsteigen zu können. Es geht darum, uns mit unserem Leben und mit allem, was wir sind, völlig an Gott zu übergeben. Es wird alles so geschehen, wie es geschehen muss und darf, um in uns das Beste, Schönste und Größte hervorzurufen. Dazu brauchen wir als Mensch keinen Plan, weil Gott unseren Plan kennt. Gott selbst ist der Plan, dem es zu folgen gilt. Hier geht es uns so wie Maria, die auch keinen Plan hatte, sich aber im tiefen Herzensvertrauen auf Gott verlassen hat und nur so das Heil der Welt gebären konnte. Maria ist bedingungslos ihrem Herzen gefolgt und ist damit aus ihrem rein menschlichen Bewusstsein herausgetreten. Sie hat durch Transzendenz ihre inneren Grenzen überschritten und ihr menschliches Ich zurückgelassen, um den göttlichen Plan und ihren Auftrag erfüllen zu können. Maria hat ihre Ängste und Zweifel für uns überwunden, um für uns den Retter und den größten Heiler in die Welt zu bringen. Jetzt sind wir an der Reihe, um nachzufolgen und uns selbst neu zu gebären und so den Heiler, Schöpfer und Retter der Welt in uns zum Ausdruck zu bringen und so zum Wohle des Höchsten zu dienen. Nun ist es an der Zeit unsere Kleinheit zu überwinden und in die göttliche Größe transformieren, damit wir das vollbringen und vollziehen können. Wir können das. Wir alle die wir uns dafür entschieden haben, dem Licht und der Liebe Gottes zu dienen und dafür einzustehen, wurden dazu auserwählt, um das zu tun und zu sein. Deshalb haben wir auch alles hier her mitgebracht, was dazu notwendig ist, und wir erhalten unendlich große Unterstützung durch Gott selbst – der in Jesu Gestalt Mensch geworden ist und der in uns und unter uns lebt. Wir müssen jetzt weitergehen und es vollenden. Es gibt keine andere Möglichkeit mehr, dafür sind wir Gott sei Dank schon zu weit gegangen und haben unsere Frequenz schon zu weit erhöht, als dass dieser Prozess noch aufzuhalten wäre.

Mutter Erde gebärt sich mit und durch uns neu mit ihrem Sein und sie kreiert und erschafft ihre neue Struktur, ihr neues Licht, ihre neue Energie und ihre vollkommene Heilung. Und wir dürfen dabei sein und diese Wunder miterleben – Halleluja!! Darauf haben wir doch schon so lange gewartet und jetzt ist es endlich so weit. Juhu! Das ist die neue frohe Botschaft!

Ein weiterer wichtiger Punkt in diesem Zusammenhang ist, dass wir, wenn wir Jesus nachfolgen möchten, unser eigenes kleines Herz für das große Herz der Menschheit öffnen. Das bedeutet, dass wir unsere Aufmerksamkeit und Liebe über unsere Grenzen der Familie, Freunde und Bekannten ausdehnen und vor allem auch Menschen zukommen lassen müssen, mit deren Verhalten wir nicht einverstanden sind, die uns verletzt und gekränkt haben und die uns nicht lieben und die durch ihr Verhalten und ihre Taten in der Welt als Täter gelten. Das gelingt nur durch Selbstliebe, Selbstvergebung, Vergebung, Übernahme der Eigenverantwortung und durch die Ergründung seiner eigenen Schattenseiten und durch Selbstreflexion.

Denn was können wir denn erwarten und was werden wir damit erreichen, wenn wir nur jene lieben, die uns nahestehen, und jene, die uns auch lieben? Das ist wahrlich keine

Kunst. Damit halten wir unseren energetischen Radius klein.

Jesus hat seine Aufmerksamkeit und seine Liebe ganz bewusst vor allem jenen geschenkt, die durch ihr Verhalten und ihre Taten von anderen gemieden, verspottet und verurteilt wurden und die Liebe Gottes noch nicht spüren und annehmen konnten, weil sie im Schuldgefühl, in der Selbstverurteilung und im Selbstmitleid gefangen waren. Jeus tat das, weil er sich dessen bewusst war, dass gerade diese Menschen die Liebe Gottes am meisten brauchen, damit sie sich erinnern, wer sie sie in Wahrheit sind und sich durch den Kompass der Liebe wieder auf den lichtvollen Weg begeben können.

Wer Jesus im Herzen nachfolgt, wird immer mehr den Impuls verspüren, sich in den Dienst der Menschheit zu stellen und sich selbst verschenken bzw. seine Energie der Liebe über weite Kreise verströmen zu wollen. Das hat aber nicht mit Aufopferung zu tun – ganz im Gegenteil, wer sich im Namen von Jesus verschenkt und sich in den Dienst seiner Liebe und der Menschheit stellt, wird von Jesus gestärkt, genährt, getragen und wird Gnade und Fülle erhalten. Die Liebe Gottes schenkt uns eine Kraft, die wir auf der menschlichen Ebene nicht erhalten können, weil wir uns auf dieser Ebene durch unser Ego und den Verstand immer wieder selbst schwächen und blockieren.

Wir haben dem Verstand viel zu viel Aufmerksamkeit geschenkt. Durch unsere vermehrte Aufmerksamkeit sowie durch die Energie des Egos hat unser Verstand viel zu viel Macht über uns bekommen. Die Energie des Verstandes hat uns überwältigt. Ursprünglich wurde uns der Verstand gegeben, um damit unseren Alltag zu planen und zu organisieren.

Das drückt das Gleichnis von Jesus, „werdet wie die Kinder, denn ihnen gehört das Himmelreich", wunderschön aus.

Kinder sind, zumindest, bis sie in die Schule kommen, noch nicht im Verstand verhaftet und noch nicht im Bewertungssystem angekommen und somit auch noch nicht der damit verbundenen Energie ausgesetzt.

Eigentlich ist es ganz einfach und trotzdem ist es für uns Erwachsene das Schwerste der Welt, wieder in diese kindliche Energie zu gelangen, da uns unser Verstand so vereinnahmt und uns bis zu einem bestimmten Zeitpunkt gefangen hält.

In meinem Beruf mache ich immer wieder die Erfahrung, dass es Menschen, die sich nur auf der kognitiven Ebene befinden, schwerer fällt, sich auf die Herzensebene zu begeben, um Gott dort zu erfahren, und je höher ein Mensch gebildet ist, umso schwieriger wird es. Menschen, die sich vorwiegend auf der rationalen Ebene bewegen und das kognitive Denken in den Vordergrund stellen, suchen ausschließlich im Kopf nach Antworten und bleiben dadurch ohne Ergebnis auf der Suche zurück.

Ich war sehr lange in dieser rein kindlichen Energie und wollte genau aus diesem Grund nicht erwachsen werden, weil ich um die Gefahr wusste und dieses kindliche Sein nicht verlieren wollte, und trotzdem ist es auch mir ein Stück weit passiert.

Ich werde immer wieder gefragt, wie man den Verstand ausschalten und in Kontakt mit sich selbst kommen kann. Die einfachste und schnellste Methode dazu ist der Atem.

Über den Atem können wir eine direkte Verbindung zu Gott in uns herstellen. Da wir aber im Alltag meistens viel zu oberflächlich atmen, sind wir uns dessen nicht bewusst. Durch unsere schnelllebige Zeit haben wir die richtige und tiefe Atmung verlernt.

Dazu eine Übung: *Ziehe dich dazu in die Stille zurück. Schließe deine Augen und atme ganz tief und gleichmäßig durch die Nase ein und den Mund aus. Das machst du so lange, bis du das Gefühl hast, dass keine Gedanken mehr kommen. Am Anfang werden immer wieder Gedanken auftauchen, das ist aber ganz normal. Lass sie einfach vorbeiziehen und schenke ihnen keine Aufmerksamkeit. Wenn du diese Übung täglich machst, wird sich dein Verstand daran gewöhnen und sich immer schneller zur Ruhe begeben.*

Ich habe für mich eine wunderbare Methode gefunden, um aus dem Verstand in mein Herz zu mir selbst zu gelangen, und zwar durch Entspannungsmusik, singen und malen. Dabei vergesse ich Raum und Zeit und dehne mich vollkommen aus. Dabei bin ich vollkommen in meiner Energie. Und genau darum geht es: Vollkommen bei sich anzukommen und in seiner eigenen Energie zu bleiben und sie zu spüren. In diesem Moment hat alles im Außen keine Wichtigkeit mehr, weil es in diesem Augenblick keine Macht über uns hat. Meine Lieblingsmethode ist aber das Schreiben, manchmal in Kombination mit Musik. Ich habe schon von Kindheit an alle meine Prozesse und Gefühle aufgeschrieben und dabei meine Gespräche an Jesus gerichtet.

Allerdings ist es bei mir so, dass es mir durch meine tiefe Verbundenheit zu meiner Geistigen Heimat und zu den Engeln, die ich bereits in diese Inkarnation mitgebracht habe, nicht allzu schwer fällt, den Verstand hinter mir zu lassen, obwohl es natürlich nicht mehr so leicht ist wie in meiner Kindheit, das ist klar. Aber das ist reine Übungssache und es ist wichtig, hier dranzubleiben und sich darauf einzulassen, wenn du es wirklich ernst meinst. Denn wie bereits erwähnt, ist unser Verstand sehr stark ausgeprägt, da wir ihn immer mit mehr Energie genährt haben als unser Herz. Das darf und wird sich jetzt umkehren und wieder in die göttliche Ursprungsenergie zurückgeführt.

Meine Liebe zu Brot

Brot ist für mich nicht nur ein Grundnahrungsmittel, sondern hat für mich eine viel höhere spirituelle Bedeutung. Brot symbolisiert für mich die Einheit mit Jesus und erinnert mich an damals, als Jesus das Brot für und mit uns geteilt hat. Jesus hat das Brot für uns geteilt, um uns die energetische Verbundenheit zu unserem Nächsten bewusst zu machen und uns immer wieder an diese Herzensverbindung zu erinnern. Ich liebe allein schon den Duft von Brot in einem Raum. Der Duft des Brotes löst in meinem Herzen das Gefühl von Heimat, Geborgenheit und Wohlbefinden aus. Ich glaube, aus diesem Grund wollte ich auch Bäckerin werden.

Übung zum Spüren der Christusenergie

Ziehe dich an einen ruhigen Ort zurück. Schließe deine Augen und atme ein paar Mal tief durch die Nase ein und den Mund aus. Stelle dir vor, wie ein Baumstamm mit di-

cken Wurzeln sich durch deine Beine und Füße in die Erde gräbt und sich hier verankert. Gehe mit deinem Bewusstsein in dein Herz und lasse dich hineinfallen. Visualisiere eine weiße Lichtkugel. Betrachte sie genau. Was fühlst du? Du siehst eine kleine Öffnung, durch die du in die Kugel gelangst. Dort angekommen, fühlst du dich völlig sicher, geborgen und beschützt, wie in der Fruchtblase im Mutterleib. Hier ist alles für dich vorbereitet und auf dich und deine Bedürfnisse abgestimmt. Jetzt nimmst du wahr, wie dich zwei rosa-rote Schwingen sanft einhüllen und dich mit dem Gefühl von reiner, bedingungsloser Liebe und Glückseligkeit durchströmen. Hier, in diesem Moment, bekommst du alles, was du brauchst. Du wirst von dieser Liebe genährt.

Bleibe so lange hier, bis du das Gefühl hast, dass du genug von dieser bedingungslosen Liebe und Glückseligkeit aufgenommen hast. Bitte um Botschaften. Vielleicht kommen Bilder, Gefühle und Tränen in dir hoch. Lasse alles zu und nimm dir Zeit. An diesem Ort darfst du so sein, wie du bist, und dich mit deiner Göttlichkeit und Verletzlichkeit zeigen.

Nun spürst du, wie sich diese Energie langsam zurückzieht.

Verabschiede dich von diesem Ort und bedanke dich bei der Geistigen Welt und bei dir selbst.

Nun kehrst du durch die Öffnung, durch die du in die Kugel eingetaucht bist, wieder in dein Herz, in deinen Körper zurück und bist wieder im Hier und Jetzt. Atme ein paar Mal tief durch und bewege sanft deine Arme und Beine und öffne, die Augen.

Notiere dir am besten alles, was du während deiner Reise gesehen, gespürt oder gehört hast. So kannst du deine Prozesse besser nachverfolgen und dir alles immer wieder bewusst machen.

Der Kreis hat keinen Anfang und kein Ende und symbolisiert somit die Unendlichkeit des Seins. Bei meiner täglichen Mediation erhalte ich immer wieder dieses Symbol von Jesus. Jesus hat dieses Symbol benutzt, um damit die Unendlichkeit der Schöpfung und der Liebe Gottes zu uns zu verdeutlichen.

Auserwählt

Ich habe in einem vorigen Kapitel bereits erwähnt, dass meine Energetikerin während meiner tiefen Begegnung mit Jesus etwas gesagt hat, was für mich jetzt im Nachhinein sehr schlüssig geworden ist und auch seine Wahrheit in mir entfaltet hat.

Ihre Worte lauteten: „Sie haben dich auserwählt".

Zu diesem Zeitpunkt konnte ich das aber absolut noch nicht annehmen, obwohl ich spürte, dass es so ist. Ich war noch nicht bereit, meine göttliche Größe anzunehmen, weil ich Angst davor hatte, mich zu zeigen. Ich wurde besonders bei diesem Thema von Selbstzweifeln geplagt und habe mich durch alte Glaubenssätze, „ich bin doch nur ein einfacher kleiner Mensch; ich darf das doch nicht denken; ich bin überheblich und ich maße mir an, auserwählt zu sein", blockiert.

Diese Glaubenssätze stammen aus der Zeit, als nur ganz wenige hohe Meister und Lehrer die Erleuchtung erlangten und sich dadurch zu dieser Aufgabe berufen fühlten.

Durch den Aufstieg in die Neue Zeit und die weit geöffneten Himmelstore ist es jetzt aber grundsätzlich jedem Menschen möglich, die Erleuchtung zu erlangen, und viele Menschen sind bereits erleuchtet und auf diesem Weg. Auch sie wurden dazu auserwählt, um mit ihrem Licht zu wirken. Denn es braucht viele Erleuchtete, um die Erde und die Menschheit in die Liebe zurückzuführen.

Hier liegt für mich auch die Erklärung dafür, dass mein Kinderwunsch nie sonderlich ausgeprägt war. Für mich ist es wichtig, die Liebe Gottes nicht nur einem Menschen und nicht nur meiner Familie zu schenken. Ich möchte und kann meine Aufmerksamkeit nicht nur auf ein Wesen konzentrieren. Die göttliche Liebe, die ich so stark in mir spüre, gehört allen Geschöpfen auf Erden und darüber hinaus. Ich habe durch die Nachfolge Jesu im Herzen die Aufgabe, meine Liebe und das, was ich bin, mit allen zu teilen, und es gehört auch dazu, mich selbst ein Stück weit zu geben, zu verschenken und zu verströmen.

Das Bewusstsein der Neuen Zeit

Die Neue Zeit kommt nicht durch ein gewaltiges Ereignis im Außen, wie vielleicht manche meinen. Es ist ein Bewusstseinszustand, in den wir uns hinein entwickeln und in den wir durch den Prozess des Erwachens und durch Transformation hineingeboren werden. Wir sind die Erbauer der Neuen Zeit durch unser Bewusstsein und mit unseren Gedanken, Worten, unserem Handeln und mit unserer Lebensweise. Jeder Einzelne von uns ist wichtig, um die Energie der Neuen Zeit in sich selbst zu manifestieren und in die Welt zu tragen, damit diese Energie auf Erden zur kollektiven Realität wird.

Das Bewusstsein der Neuen Zeit ist völlig unabhängig von Religion und Konfessionen. Es ist jedem Geschöpf möglich, das Bewusstsein der Neuen Zeit zu erlangen. Die Neue Zeit entsteht bzw. lebt bereits in jedem, der sich dafür öffnet und sich dafür entschieden hat, in die höhere Frequenz aufzusteigen. Jeder tut dies in seinem Tempo und auf unterschiedlichen Wegen. Wir gehen alle aus unterschiedlichen Richtungen auf den einen großen Berg der Erkenntnis zu, doch wir werden alle dasselbe Ziel erreichen.

Veränderungen in der Neuen Zeit

Die alten Gesetze der Dualität haben für uns die wir immer weiter ins Licht zurückkehren keine Gültigkeit mehr. Die Gesetze der 3. Dimension haben nur noch für jene, die mit dieser Welle noch nicht aufsteigen, Bestand. Für uns, die wir uns immer mehr nach der Liebe Gottes ausrichten, hat einzig und allein das Gesetz der Liebe Gültigkeit. Wenn wir wieder bewusst für die Liebe Gottes empfänglich sind, ist kein anderes Gesetz mehr notwendig.

Gottes Liebe breitet sich nun über die Erde aus, wie ein schützender Mantel, und sie nimmt jeden und alles mit in ihren mütterlichen Schoß.

Arbeit ist ein Begriff der Dualität. Diesen Begriff wird es in der Neuen Zeit nicht mehr geben, denn Arbeit bedeutet Anstrengung, etwas tun und Leistung erbringen zu müssen, Druck, Mühe, Unterdrückung, Herabsetzung und Verleugnung unserer göttlichen Größe und ist eine Illusion, die es nur in der Dualität gibt. Dieser Begriff wird ersetzt durch Wirken, helfen, heilen austauschen, lieben und sein. Wir gehen aus dem Verdienen hin ins Dienen. Auch aus dem Haben-wollen werden wir uns herausentwickeln und in das Fühlen des göttlichen Seins eintauchen. Dadurch wird die Energie verwandelt und für uns eine ganz andere sein. Die neue kollektive Energie fühlt sich leicht, frei und wunderschön an, denn wir tun nur noch das, wozu wir berufen und bestimmt sind, weil wir bewusst mit unserer Seele verbunden sind und nur noch unserem Herzen folgen werden. Das ist eines der unzähligen Geschenke der Neuen Zeit.

Wir werden alle unsere göttliche Berufung und unseren Auftrag erkennen und nichts anderes mehr tun wollen, als ihn zu erfüllen, weil es nichts gibt, das uns mit mehr Glückseligkeit erfühlt, als das zu tun. Dadurch gelangen wir auch in die vollkommene Heilung, weil wir das sind, was wir sein wollen, und die Freude, die reine Liebe und das reine göttliche Licht uns ständig durchströmen wird und wir in Übereinstimmung mit der Liebe Gottes und der Göttlichen Ordnung leben. In diesem Moment wird die Angst keine Macht mehr über uns haben und hört auf zu existieren, weil sich die Angst in der Liebe Gottes vollkommen auflösen wird.

Dann werden wir unseren eigenen Tanz tanzen und unser gemeinsames Fest des neuen und verwandelten ewigen Lebens in der Verbundenheit mit uns selbst und mit allem, was ist, feiern. Wir werden uns selbst feiern und Gott preisen und für ihn das Lied und den Ton unserer Seele erklingen lassen. In diesem Augenblick wird sich Zeit und Raum auflösen.

Durch die kollektive Transformation wird die göttliche Ordnung wiederhergestellt. Alle Systeme, die sich nicht in Übereinstimmung mit der Liebe Gottes befinden, müssen und werden zusammenbrechen. Unser Ego wird sich verwandeln bzw. sich unserm Herzen unterordnen, weil wir es ab diesem Zeitpunkt in dieser Form, wie wir es jetzt kennen, nicht mehr brauchen werden. Unser Verstand wird sich ebenfalls mit unserem Herz verbinden und in vollkommener göttlicher Harmonie damit zusammenwirken.

Materie umwandeln und erschaffen

Jesus hat im Gleichnis Wasser zu Wein verwandelt. Doch für mich ist es mehr als ein Gleichnis. Jesus hat sein Wissen über die Änderbarkeit von Energien und seine göttliche Macht angewandt und mit seinem vereinten göttlichen Bewusstsein und seinen Gedanken der Liebe die Materie umgewandelt. Er konnte sich in jedem Augenblick alles erschaffen, was er zum Leben benötigt hat. Es gibt in diesem Zusammenhang noch das Gleichnis der Brot- und Fisch-Vermehrung und auch hier hat Jesus mit seinem Bewusstsein die Energien der Materie verändert und neu manifestiert. Auch wir werden das wieder lernen. „Wieder“ meine ich ganz bewusst, weil wir dies in Zeiten von Lemurien und Atlantis bereits praktiziert haben. Damals war es das Normalste der Welt für uns. Genauso hat Jesus die Menschen mit seinem Geist und seinen Gedanken geheilt. Er hat ihr Wesen anerkannt und ihren göttlichen Kern aktiviert und somit auch die Selbstheilungskräfte gestärkt. Jesus hat die Menschen wieder in ihre Selbstermächtigung geführt, dadurch konnten sie ihre Selbstverantwortung wieder übernehmen. Auch das werden wir noch viel mehr praktizieren in der Neuen Zeit.

Wir werden auch wieder lernen in reiner Absicht und mit unserer Gedankenkraft unseren Körper so zu formen, wie wir ihn haben möchten, denn alles im Universum ist Energie und Energie ist jederzeit veränderbar. Dieses Wissen ist nach und nach in Vergessenheit geraten. Durch die neue Zeitqualität und den kollektiven Aufstiegsprozess von Mutter Erde und der Menschheit werden wir wieder dorthin geführt und uns wieder an dieses göttliche Wissen erinnern und es in Liebe anwenden.

Für Geld arbeiten und sich etwas verdienen zu müssen, ist ein Umstand, den es nur auf Erden in der 3. Dimension gibt, und hat nichts mit der Liebe Gottes zu tun, sondern wird von der Energie des Egos und den damit verbunden Glaubenssätzen und Gedanken genährt.

Wir werden wieder zum Tauschhandel zurückkehren. Jeder gibt das als Ausgleich, was er zu geben vermag und was er am besten kann.

In Wahrheit ist es so, dass wir uns das, was wir brauchen und wollen, durch unsere Gedanken erschaffen können und dass wir von Gott alles bekommen, in jedem Moment, wenn wir im Bewusstsein seiner Liebe schwingen und darauf vertrauen. Der Geist hat die Macht, Materie zu erschaffen. So ist unsere Materie überhaupt erst entstanden – im Geist. Am Anfang waren die Geisteskraft und der Gedanke, der Ideen entstehen ließ. Nur so konnte die greifbare Materie erschaffen werden. Wir alle tragen diese Gabe und dieses Wissen in uns.

Jesus drückte das wunderbar mit einem Gleichnis aus: Seht die Vögel am Himmel, sie sähen nicht, sie ernten nur und der Vater im Himmel erhält sie dennoch.

Ernährung

Hast du dir schon einmal darüber Gedanken gemacht, welche Lebensmittel im Supermarkt sich noch in ihrem ursprünglichen Zustand befinden, d.h. Lebensmittel die nicht chemisch und industriell aufbereitet, verändert und verarbeitet sind. Ich sage dir, es sind nicht mehr recht viele.

Mache einmal ganz bewusst einen Streifzug durch den örtlichen Supermarkt und überlege dir, wie viele von den angebotenen Produkten wir wirklich brauchen. Die meisten davon dienen rein dem Genuss und der Geschäftemacherei und sind absolut nicht förderlich für unsere Gesundheit, unser Wohlbefinden und unserer spirituellen und geistigen Entwicklung – im Gegenteil. Chemisch verarbeitete Produkte betäuben unser Kronenchakra und dadurch wird unsere Frequenz gedrosselt und die Medialität blockiert und erschwert. Vor allem der Industriezucker und Kaffee ist hier zu nennen.

Auch der Verzehr von tierischen Produkten und insbesondere Fleisch stimmen absolut nicht mit der Frequenz der Neuen Zeit überein. Denn Tiere zu töten oder sie töten zu lassen ist ein Umstand der 3. Dimension. Jeder, der seinen Weg in die Neue Zeit fortsetzen möchte, wird dies früher oder später erkennen und leben wollen. Durch diese Ernährung verschwenden wir sehr viel energetisches und spirituelles Potenzial und schwächen damit unseren physischen Körper und unsere Aura. Wenn wir Fleisch verzehren, nimmt unser Energiekörper das Leid und das Sterben der Tiere auf und auch das Blut. Dabei spielt es keine Rolle, ob das Tier auf einem Bio-Bauernhof gelebt hat. Es wurde getötet und wir nehmen diese Energie auf. Zu diesem Thema kann ich das Buch Peace Food von Rüdiger Dahlke sehr empfehlen. Er beschreibt hier sehr dramatisch und eindrücklich die Qualen der Tiere in den Schlachthöfen sowie die Auswirkungen des Verzehrs von tierischen Produkten und Fleisch auf uns und die Erde.

Ich selbst bin seit 22 Jahren aus dieser Überzeugung Vegetarierin und seit ca. zehn Jahren lebe ich vegan und ich kann euch sagen, mir geht es gut und ich vermisse nichts.

Unsere momentane Ernährungsweise entspricht nicht unserer Ursprungsernährung, jener, die Gott für uns vorgesehen hat, das spüre ich. Unser Körper hat sich im Laufe der Jahrzehnte lediglich an die jetzige Ernährungsweise gewöhnt, das heißt aber nicht, dass sie uns guttut und für uns vorgesehen ist.

Das meiste unserer Ernährung ist Genuss, aber selten essen wir aus richtigem Hunger. Was nicht heißt, dass wir nicht etwas genießen sollen. Es geht nur darum, sich über die Zusammenhänge einmal bewusst zu werden und darüber nachzudenken, ob das wirklich unserm höchsten Wohle dient. Tiere stellen sich aus Liebe für unseren Fleischkonsum zur Verfügung. Es geht darum, uns bewusst zu machen, was diese Ernährungsweise mit uns macht und welche unnötige Last wir uns damit aufbürden.

Jetzt brauche ich das nicht mehr. Ein plötzlicher Impuls aus der geistigen Welt – Persönliches Beispiel: Ich war bis vor kurzem leidenschaftliche Kaffeeliebhaberin.

Doch ich spürte schon sehr lange, dass diese Gewohnheit mir nicht (mehr) dienlich ist und meinen Körper negativ beeinflusst. Eines Tages, als ich wieder mit dem Schreiben meines Buches beschäftigt war, habe ich nebenbei meinen Kaffee getrunken, aber er schmeckte mir überhaupt nicht mehr und ich dachte mir: Warum machst du das, Silvia? Die Antwort war aus reiner Gewohnheit und weil ich dachte, dass ich den Kaffee brauche, um besonders in der Arbeit mit der dort herrschenden Frequenz besser umgehen und sie verkraften zu können. Der Grund, weshalb ich überhaupt damit angefangen habe, war auch kein angenehmer und hat mir in der Vergangenheit schon oft zu denken gegeben. Und eben in diesem Moment während des Schreibens und dieser Bewusstwerdung spürte ich plötzlich einen starken Impuls. Ich packte kurzerhand meine Kaffeemaschine samt Zubehör ein, ging zu meiner Nachbarin und schenkte sie ihr, auch damit ich nicht doch wieder in Versuchung gerate, wieder damit anzufangen. Ich weiß, dass ich durch meine tiefe Überzeugung und die starke Führung der geistigen Welt diese Gewohnheit überwunden habe und dass sie mich dabei unterstützen, konsequent und standhaft zu bleiben.

Als Veganerin werde ich immer wieder gefragt, was ich denn esse. Die Menschen sind immer so überrascht, dass ich so leben und überleben kann. Ich kann euch versichern ich lebe sehr gut und es ist möglich. Natürlich muss ich mir als Veganerin alle Informationen für eine abwechslungsreiche Ernährung einholen und mich mit diesem Thema auseinandersetzen und das mache ich sehr gerne, für meine Überzeugung.

Je weiter die Erde und wir mit ihr aufsteigen, umso mehr wird sich auch im Außen noch verändern. Es wird lichtvoll und wunderschön. Viele Menschen werden beginnen, über ihr Leben, ihre Gedanken, ihre Worte und ihr Handeln nachzudenken und ins erwachte Bewusstsein gehen und viele Erkenntnisse gewinnen, so wie viele von uns, die diesen Weg schon lange gehen. Eines Tages wird es keine Schlachthöfe mehr geben und wir werden das, was wir brauchen, selbst erzeugen bzw. uns in Gemeinschaften dabei unterstützen und gegenseitig helfen.

Lichtnahrung

Unser Körper wurde und wird seit Beginn des Aufstiegsprozesses umgebaut und auf die höheren Frequenzen vorbereitet und ausgerichtet. Dadurch wird es uns möglich sein, und es ist bereits möglich, Lichtnahrung zu empfangen. Ich habe dies sehr deutlich während meines persönlichen Aufstiegsprozesses bemerkt. Ich wurde sehr intensiv von Wellen der Liebe Gottes durchflutet (ich spüre diese Energie am meisten im Wurzelchakra bis hin zum Solarplexus). Während dieser Zeit fühlte ich mich total genährt und spürte weniger Hunger und es ging mir immer total gut dabei. Ich habe das Gefühl, dass ich in diesem Moment nichts mehr brauche, weil die Liebe alles beinhaltet und mich versorgt. In Lemurien war die Aufnahme von Lichtnahrung die Grundvoraussetzung für unsere Existenz. Es gab dort keine Nahrung, so wie wir sie jetzt manifestiert haben, sondern es existierte nur reines Licht und die Energie der reinen Liebe und Verbundenheit, wodurch wir mit allem versorgt wurden. Und wir brauchten nur Licht. Sonst nichts. Wir waren feinstoffliche Wesen, die in jedem Augenblick zur Quelle gegangen sind, um uns wieder aufzuladen. Das passierte auch mit Hilfe von Lichttempeln und Energietankstellen. Mit Hilfe von Licht- und Energieduschen konnten wir uns zu jeder Zeit von allem reinigen, was wir nicht mehr brauchten. Das alles passierte in Lichtgeschwindigkeit.

Unsere Zellen kehren wieder in ihren ursprünglichen Zustand zurück und übernehmen ihre ursprüngliche Funktion. Die Frequenz unseres Lichtkörpers steigt an und dadurch kann er immer mehr Licht aufnehmen, so wird es uns möglich sein, uns zu verjüngen.

Wir werden in unseren Seelenfarben erstrahlen, so dass es für alle sichtbar und spürbar ist, und wir werden uns dadurch erkennen. Die Farben unseres wahren Seins werden den Himmel hell erleuchten und bis weit ins Universum strahlen.

Dadurch, dass wir lernen, über Telepathie zu kommunizieren und uns so auszutauschen, werden wir auch wissen, wenn jemand unsere Unterstützung benötigt, und wir werden uns immer wieder gegenseitig an unser wahres Sein erinnern.

Veränderung der Lebensweise

Durch die Frequenzerhöhung und die damit verbundene Bereitschaft zur persönlichen Transformation verändert sich nach und nach auch unsere Lebensweise und gelangt wieder in die göttliche Ordnung. Wir beginnen uns Schritt für Schritt wieder dem Rhythmus von Mutter Erde anzupassen. Bisher ist es so, dass der Mensch den Lebensrhythmus vorgibt und sich damit die Erde untertan macht oder es versucht. Dies wird sich in Zukunft ändern und nicht mehr möglich sein. Mutter Erde ist nun nicht mehr bereit, die Energie und das Leid der Unterdrückung zu tragen und weiterhin auf sich zu nehmen. Das wird sie in den nächsten Jahren machtvoll zum Ausdruck bringen. Gaya möchte wieder das Wesen sein, das sie immer war, und sie möchte genauso wie wir geachtet, geliebt, anerkannt, getröstet und beschützt werden, durch uns. Mutter Erde hat sich uns anvertraut und wurde uns von Gott anvertraut. Es ist nun an der Zeit, dass wir ihr ihre Würde und ihr ursprüngliches Sein wieder zurückgeben. Mutter ist genauso wie wir ein göttliches Wesen mit einer Seele, die genauso wie wir Schmerz, Leid, Trauer und auch Freude empfindet. Mutter Erde liebt uns so sehr. Sie nährt und trägt uns und schenkt uns jeden Tag so vieles. Sie hat sich aus Liebe für uns hingegeben und sie möchte und wird jetzt wieder zu dem auferstehen, was sie in Wahrheit ist – zu einem strahlend leuchtenden Lichtwesen – so wie wir.

Es macht mich jedes Mal traurig, wenn ich Müll auf dem Erdboden sehe. Dann blutet fast mein Herz. Ich bitte euch an dieser Stelle: Wenn ihr draußen unterwegs seid, nehmt euch einen Müllsack mit und sammelt den Müll auf. Tut es für Mutter Erde. Ich mache das immer wieder und ich kann euch nur sagen, dass es mich jedes Mal mit Liebe erfüllt, dass ich Mutter Erde diesen Liebesdienst erweisen darf.

Die kollektive Erinnerung an die Zeiten von Lemurien und Atlantis wird wieder auferstehen und sich im kollektiven Feld neu verankern.

Verdrängung, Projektion und andere Abwehrmechanismen

In der Neuen Zeit wird es durch die zunehmende Frequenzerhöhung nicht mehr möglich sein, die menschlichen Schutzmechanismen, allen voran die Verdrängung, anzuwenden. Die psychologischen Abwehrmechanismen sind Werkzeuge der 3. Dimension. Wer in der Neuen Zeit lebt, geht automatisch ins Fühlen und ins Gefühl und das ist wichtig, um in die Authentizität und die in die Wahrhaftigkeit zu gelangen. Die Wahrhaftigkeit ist die Brücke in die Neue Zeit. Das Fühlen und die Liebe ist die Währung der Neuen Zeit. Es geht darum, authentisch zu sein und zu erkennen, dass das Gefühl eine absolute Stärke sowie die Voraussetzung ist, um die Neue Zeit in dir zu manifestieren.

Durch die Frequenzerhöhung der Erde schwingen auch wir immer höher und werden feinstofflicher und sensitiver. Das hat zur Folge, dass die psychologischen Abwehrmechanismen (sie dienen zum Schutz, damit wir nach traumatischen Erlebnissen weiterleben können), hier vor allem die Verdrängung und die Projektion, kaum noch funktionieren und greifen. Wir werden immer mehr und immer schneller mit uns selbst konfrontiert und haben immer weniger Möglichkeiten, vor uns selbst zu fliehen.

Veränderungen unserer Sinne

Die Neue Zeit macht sich auch durch eine veränderte Sinneswahrnehmung bemerkbar. Wir reagieren sensitiver auf Reize aller Art, sei es in der Umwelt, z.B. Chemikalien in der Kleidung, in Putz- und Reinigungsmittel und unserer Kosmetik. Wir vertragen das meiste davon nicht mehr, das kann sich durch Hautirritationen und Allergien und Abneigungen bemerkbar machen. Viele unserer lieb gewonnenen Gewohnheiten werden uns nicht mehr glücklich machen und wir werden sie nach und nach ablegen, weil wir erkennen, dass es eben nur die Macht der Gewohnheit ist und sie nicht mehr unserem Wachstum dienen und nicht mehr mit unserer Frequenz übereinstimmen.

Es kann auch sein, dass du auf einmal besser hörst oder dass deine Augen lichtempfindlicher werden und du Geräusche, Gerüche und Geschmacksrichtungen intensiver wahrnimmst und anders auf Musik reagierst. Es kann sein, dass du keine laute Musik mehr verträgst. Es kann sogar vorkommen, dass sich deine Lieblingsmusik oder dein Lieblingsessen verändert. Spüre hier genau in dich und deinen Körper hinein und lasse dich von ihm führen. Unser Körper wählt intuitiv immer das, was gerade für uns richtig ist.

Ich reagiere ganz stark mit Unwohlsein und auch Übelkeit auf Gerüche wie z.B. Fleisch und künstliche Düfte und Parfüms, weil ich das überhaupt nicht mehr gewohnt bin. Außerdem übertragen sich gewisse Geräusche in meine Ohren und in meinem Ohr beginnt es zu pulsieren, das ist ein Zeichen für meine hohe Sensitivität.

Zusätzlich bin ich seit meiner frühen Kindheit hochsensibel – das ist keine Krankheit, sondern eine zusätzliche Gabe, durch die ich mein Umfeld schon immer anders wahrnehme – und auch meine Gefühle sind stärker ausgeprägt als bei nicht hochsensiblen Menschen. Ich musste erst lernen, mit dieser Gabe umzugehen und sie als solche zu erkennen. Denn die Hochsensibilität hat mich noch zusätzlich vor große Herausforderungen gestellt im Umgang mit der Dualität, aber ich habe gelernt diese Gabe in mein Leben zu integrieren. Heute weiß ich, dass ich der Welt auch damit dienen darf.

Neue Definition und Identität

Wir Menschen der Neuen Zeit identifizieren uns nicht mehr mit unseren Rollen in der Gesellschaft oder mit unserer beruflichen Qualifikation, sondern rein über unsere Göttlichkeit. Wir stehen im Austausch mit uns selbst und treten immer wieder in Kontakt mit unserer Seele und unserem Herzen. Wir sind uns dessen bewusst, dass wir eine Seele sind, die unseren Körper bewohnt, und wir danken unserem Körper dafür, dass wir als Seele in ihm wohnen dürfen.

Die 3. Dimension- Die Ebene der Dualität und der Ego-Energie

Der Abstieg der Menschheit in die 3. Dimension wurde einst als Experiment gestartet, für das sich Mutter Erde zu Verfügung gestellt hat. Wir wollten uns als Mensch getrennt von Gott erfahren. Doch jede Art von Trennung von Gott sowie von unserem Nächsten ist eine Illusion, die uns von unserem Ego vorgespielt wird. Eine Trennung von Gott ist niemals möglich. Es fühlt sich für uns lediglich so an, als wären wir von Gott getrennt. Ein solches Experiment wird es nach Vollendung des Aufstiegs nie mehr geben.

Es gibt jedoch Seelen, die sich entschieden haben, bei dieser Welle noch nicht aufzusteigen. Das sind Seelen, die noch andere Themen zu erfüllen haben und sich noch beweisen und behaupten und noch Erfahrungen in der Dualität sammeln möchten. Jene Menschen werden in der 3. Dimension zurückbleiben und in Zukunft auf einem anderen Planeten inkarnieren, der so ähnlich schwingt wie Mutter Erde vor Beginn des Aufstiegs.

Vor dem Abstieg der Erde und der Menschheit waren wir bewusst mit unserer Seele, unserem Herzen und mit Gott und allen Geschöpfen verbunden und für seine Liebe empfänglich. Gottes Liebe konnte uns jederzeit erreichen und wir haben seiner Führung bedingungslos vertraut. Alles befand sich im Gleichgewicht und der göttlichen Ordnung.

Mit dem Abstieg von Mutter Erde in die 3. Dimension hat sich auch das Bewusstsein der Menschheit verändert und die Frequenz auf Erden. Wir sind immer mehr aus der Ebene der Einheit mit Gott und allen Geschöpfen ausgetreten und durch die Zunahme der Ego-Energie immer weiter ins Bewusstsein der Trennung eingetaucht. Ab diesem Zeitpunkt waren wir nicht mehr bewusst für die Liebe Gottes und seine Führung empfänglich und haben uns immer weiter von uns selbst entfernt. Das führte zu einem stetig größer werdenden Ungleichgewicht auf Erden und dazu, dass wir die göttliche Ordnung allmählich verlassen haben.

In jenen Systemen, die auf dem Ego aufgebaut sind und nicht auf der Liebe gründen, wird es immer jemanden geben, der Macht ausübt, und jemanden, der darunter leidet. So entsteht ein energetisches Ungleichgewicht. In jenen Systemen, die die Liebe Gottes als Fundament haben, sind alle Beteiligten gleichberechtigt und es herrscht keine Hierarchie und es besteht kein energetisches Ungleichgewicht, das wieder in die Waage gebracht werden muss.

Alle Systeme, die sich nicht in höchster Übereinstimmung mit der Liebe Gottes befinden, sondern auf der

Energie des Egos aufgebaut sind, werden jetzt zusammenbrechen und transformiert, denn wir können nichts Altes, das nicht dem Höchsten dient, in die Neue Zeit mitnehmen. Alle Frequenzen und Wesen, die nicht damit übereinstimmen, würden diese hohe göttliche Energie und somit das Entstehen bzw. das Bestehen der Neuen Zeit gefährden.

Das Ego hat auch seinen Sinn und seine Berechtigung. Das Ego dient als Schutzmechanismus, damit wir in der Welt der Polarität als Mensch überhaupt leben können. Jedoch wurde dem Ego durch unseren Gedanken der Trennung viel zu viel Macht gegeben und es hat in den letzten Epochen so die Oberhand übernommen.

Diese Entwicklung ist schon im Alltag im Kleinen erkennbar.

Ein Beispiel aus meinem Alltag: *Meine Arbeitskollegin und ich wollten gemeinsam die Waschmaschine einschalten. Meine Kollegin füllte die Waschmaschine und gab Waschmittel dazu. Ich fragte sie, ob sie nicht auch einen Kalk-Tab dazu gibt. Darauf antwortete sie: „Das mache ich nie. Es ist ja nicht meine Waschmaschine."*

Dieses Beispiel bringt für mich ganz deutlich zum Ausdruck, wo wir uns im menschlichen Bewusstsein befinden und welche Auswirkung diese Energie auf uns hat.

Doch wir, die dem Licht dienen, stellen jetzt das Gegengewicht dar, um diese Prozesse und Energien umzudrehen und zu verwandeln. Alles, was wir jetzt in uns transformieren und heilen, wird auch im Kollektiv gewandelt und geheilt. Darum ist es jetzt so wichtig, in die Selbstverantwortung zu kommen und zu beginnen, uns unserer uralten

Ängste, Muster, Glaubenssätze und Prägungen bewusst zu werden und alles zu lösen.

Jene, die sich mit ihrem Bewusstsein in der 3. Dimension aufhalten, arbeiten und leben für die vergänglichen Dinge und sie betrügen sich damit selbst, weil ihnen am Ende nichts bleibt und sie, wenn der Schein in ihrer Welt in sich zusammenfällt und sie am Lebensende stehen, erst dann ihre wahre Identität ihre Göttlichkeit erkennen und suchen müssen. Jene aber, die sich in der 5. Dimension befinden, dienen der Ewigkeit, dem Licht, dem göttlichen Sein und der Wahrheit. All das ist unvergänglich. Wir haben unser Lebenshaus auf das ewige Fundament der Liebe Gottes gebaut, dadurch wird es immer wieder erneuert und kein Sturm wird es mitreißen.

Voraussetzungen für die Transformation

- Deine bewusste Absicht, dich den eigenen Blockaden, Ängsten und Themen zu stellen und sie zu lösen, vor allem die Bereitschaft zur (Selbst-)Vergebung und die innere Einsicht. Weinen ist hier sehr heilsam und reinigend, weil sich dadurch vieles lösen darf. Es geht darum zu erkennen, dass weinen keine Schwäche ist, sondern eine absolute Stärke und sogar ein Hilfsmittel in der Transformation ist
- Deine Aufmerksamkeit nach innen richten und dich mit DIR SELBST auseinandersetzen und hinzuschauen und zu fühlen
- Deine Bereitschaft zur Bewusstseinserweiterung und spirituellen Entwicklung

- Deine Bereitschaft, dein Herz zu öffnen, damit sich der Verstand mit der Herzensenergie verbinden und Gott im deinem Leben wirken kann
- Übernahme der Selbstverantwortung
- Deine klare Entscheidung aus dem Leid und dem inneren Kampf und Widerstand auszusteigen und DICH neu auszurichten
- Dein Vertrauen in die göttliche Führung und ins Leben
- Dein Glaube an die Veränderung und Besserung deiner Situation

Für eine erfolgreiche Transformation ist es wichtig, dass wir uns unserer Emotionen bewusst werden und eine Möglichkeit finden, sie konstruktiv auszudrücken. Ich habe meine Ausdrucksmöglichkeit im Schreiben und Malen gefunden. Ich habe mir wirklich alles, jede Kleinigkeit, von der Seele geschrieben, meistens in einem Gespräch mit Jesus. Dabei habe ich sehr viel über mich selbst gelernt und bin mir selbst immer nähergekommen. Als Kind bin ich mit dem Fahrrad über Stock und Stein gefahren, das hat mir auch geholfen.

Wenn dir deine Emotionen bewusst werden und du einen Weg findest, sie kreativ auszudrücken, dann wirst du im Außen immer weniger mit den Auswirkungen konfrontiert, weil du aufhörst, deine Emotionen nach außen zu projizieren, indem du beginnst, die Verantwortung dafür zu übernehmen.

Durch den kreativen Ausdruck und den bewussten Umgang mit deinen Emotionen haben sie immer weniger Macht über dich. Dein Leben wird sich zum Positiven verändern, es wird ruhiger und harmonischer auf allen Ebenen.

Hilfreiche Fragen für die Auseinandersetzung mit dir selbst

- Wer bin ich? Worüber definiere ich mich?
- Welche Personen und Erlebnisse haben mich geprägt?
- Welche Überzeugungen, Werte, Muster und Glaubenssätze habe ich aus meiner Kindheit übernommen? Sind sie für mich noch förderlich?
- Welche Überzeugungen und Werte vertrete ich?
- Will ich weiterhin leiden oder glücklich sein?
- Wie denke ich über mich selbst?
- Welche Erwartungen stelle ich an mich selbst? Kann ich sie erreichen / führen sie mich ans Ziel?
- Bin ich bereit, mir selbst zu vergeben?
- Bin ich bereit, mich selbst so anzunehmen, wie ich bin, und zu lernen, mich zu lieben?
- Bin ich bereit mich zu verändern und mich weiterzuentwickeln?
- Was kann ich tun, damit es mir besser geht?

Auseinandersetzung mit meinem Nächsten

- Wie denke ich über meine Mitmenschen?
- Wer ist mein Nächster?
- Wie denke ich über Menschen, die anders denken und handeln als ich und sich nicht so verhalten, wie ich es erwarte oder mir wünsche?
- Welche Erwartungen habe ich an andere?

- Bin ich (noch) bereit die Erwartungen, anderer zu erfüllen und mich für andere zu verbiegen?

Die reine Absicht

Die reine göttliche Absicht ist Voraussetzung, um im Licht z.B. als Spirituelles Medium dienen zu können.

Die reine Absicht, ist das absolute Sein im göttlichen Bewusstsein, d.h., dass ich völlig neutral bin, d.h., ohne eigene Interessen, Emotionen an die Sache herangehe.

Der Unterschied zwischen dem reinen Gefühl und der menschlichen Emotion

- Das Gefühl ist die Energie des Herzens in der reinen Absicht der Liebe Gottes. Die Energie des reinen Gefühls ist an kein äußeres Ereignis gebunden. Das reine Gefühl ist die Energie, die wir als Seele in uns tragen, und das, was wir auf der göttlichen Ebene sind. Die Energie des reinen Gefühls ist unvergänglich und unantastbar.
  Je mehr unsere spirituelle Entwicklung voranschreitet, umso mehr werden wir das reine Gefühl in uns wieder spüren und umso mehr wird diese Energie zu unserer Wirklichkeit.
- Die Emotion existiert nur auf der menschlichen Ebene in Verbindung mit der Energie des Egos und der Dualität. Diese Energie entspricht nicht unserer göttlichen Wirklichkeit. Die Quelle der Emotion sind immer Ereignisse im Außen, durch die sie ausgelöst werden.
  Die Emotionen lösen sich immer mehr auf, je weiter wir in der spirituellen Entwicklung und Transformation voranschreiten. Eine Emotion ist somit vergänglich.

Wenn du nicht mehr weiter weißt

Wenn du nicht mehr weiter weißt, dann gehe in dein Herz und du wirst spüren, dass Gott immer mit dir geht und dir seine lichtvolle Hand reicht, mit der du dich wieder im Licht aufrichten kannst. Gestärkt durch diese Kraft, die in jedem Augenblick auch im Schmerz und deiner Angst in dir ist, darfst du weitergehen, um deinen Weg zu vollenden.

Jede Erfahrung, die du machst, ist wertvoll.

Jede Erfahrung und jede (Lebens-)Krise möchte dir etwas offenbaren und aufzeigen. Jede Erfahrung schenkt dir die Chance zu inneren Wachstum, vergrößert deine Weisheit und macht dich zum Meister deines Lebens.

Hinter jedem Schmerz verbirgt sich die Liebe und die Chance zum Neubeginn.

Denke daran, wie viel du in deinem Leben schon geschafft hast, und frage dich:

- Welche Strategien habe ich bis jetzt angewandt, um Herausforderungen zu bewältigen und Konflikte zu lösen?
- Sind meine bisherigen Strategien hilfreich/fühle ich mich dadurch nachhaltig besser?
- Wie gehe ich mit meinem Schmerz und meinen Emotionen um?
- Welche Entwicklungen durfte ich durch meine Erfahrungen machen?
- Welche Erkenntnisse wurden mir dadurch geschenkt?
- Welche neuen Möglichkeiten haben sich dadurch eröffnet?

Wenn du dich ab sofort entscheidest, dich und dein Leben bewusst in Gottes Hände zu legen, und beginnst Gott in dein Leben zu integrieren, dann darf dein Leben leichter, harmonischer und liebevoller werden. In diesem Moment hörst du auf zu kämpfen und der innere Widerstand löst sich allmählich auf. Du bist kein Einzelkämpfer mehr, sondern arbeitest mit Gott zusammen. Du wirst staunen und den Unterschied spüren.

Du kannst Folgendes sagen, um dein Herz zu öffnen und um in die reine Absicht zu gehen:

- (Persönliche Anrede) ich weiß die Lösung nicht, aber du kennst die göttliche Lösung und ich vertraue darauf, dass du mir diese göttliche Lösung zeigst und mich auf meinem Weg führst.
- ICH BIN jetzt bereit in Übereinstimmung mit deiner Liebe mein Leben zu leben.
- Dein Wille geschehe in mir. Nur du weißt, was das Beste für mich und mein Leben ist.

Gott wird dich führen und dir neue Lösungen und Strategien zeigen, um Krisen zu bewältigen und mit deinem Schmerz, deiner Angst, deiner Trauer umzugehen. Du wirst mit der Kraft Gottes gestärkt und verwandelt weiterleben.

Damit übergibst du dich mit deinem Leben BEWUSST an Gott. Dadurch wirst du immer mehr seine Führung, seine Gegenwart und Impulse spüren und zu Menschen geführt, die dir weiterhelfen und dein Leben bereichern.

Das kann ich dir aufgrund meiner eigenen Erfahrungen versichern!

Dein Leben wird sich komplett verändern und wandeln, du darfst gespannt sein und das Beste erwarten!

Wo ist Gott und warum lässt er das zu?

Wo ist denn Gott? Wenn es Gott gibt, warum lässt er all das Leid und den Krieg auf der Welt zu? Warum greift Gott nicht ein, um all die schlimmen Geschehnisse zu verhindern, wenn er uns doch liebt?

Diese Fragen werden mir immer wieder gestellt und ich beschäftige mich auch seit einigen Jahren mit diesem Thema. Wenn ich in mein Herz höre, wo ich Gott begegne, bekomme ich immer dieselben Antworten:

Nicht Gott führt Kriege, sondern der Mensch!

Nicht Gott bringt Leid über die Welt, sondern der Mensch, durch seine Handlungen und Taten, die dem Ego entsprechen.

Gott hat alles Leben aus Liebe und im perfekten Zusammenspiel erschaffen und es ist sein Wille, dass wir seine Schöpfung achten, ehren und erhalten. Gott möchte, dass es allen Geschöpfen gut geht und dass seine geliebten Geschöpfe in Frieden, Liebe und im Einklang mit Mutter Erde leben.

Gott liebt uns so sehr, dass er uns die Freiheit schenkt, uns immer wieder aufs Neue zwischen Ego und Liebe zu entscheiden. Würde er eingreifen, würde er uns unsere Entscheidungsfreiheit nehmen, die es uns ermöglicht wichtige Erfahrungen zu sammeln, durch die wir wachsen, lernen und reifen und uns entwickeln können. Wir haben uns als Menschheit dazu entschieden, den Weg zurück zu Gott zu finden, und wir erhalten alle Unterstützung aus der Geistigen Welt, durch Impulse und Möglichkeiten der Transformation. Wenn wir in schwierigen Lebensphasen und in kollektiven leidvollen Geschehnissen die Chance zur Einkehr und inneren Wandlung erkennen und sie nutzen, wird sich unsere Sichtweise auf diese Geschehnisse im Außen und auf uns selbst verändern. Es werden sich Tore zu einer neuen Welt öffnen, die uns mit unserem Verstand ewig verborgen bleiben werden.

Wenn wir uns für unser Ego entscheiden, entscheiden wir uns für die 3. Dimension, d.h. für Erfahrungen und Handlungen, die nicht mit der göttlichen Ordnung und der Liebe Gottes übereinstimmen. Wenn wir uns mit unserem Fokus in der 3. Dimension befinden, werden wir vermehrt schmerzhafte und leidvolle Erfahrungen machen. Auf dieser Ebene verlieren wir mehr und mehr die Verbindung zu uns selbst und somit auch zu Gott.

Gott geht auch und vor allem im größten Leid mit uns, nur spüren wir seine Gegenwart nicht, weil unsere Aufmerksamkeit zu sehr nach außen gerichtet ist und wir im Ego gefangen sind. Das Ego hat große Macht über uns. Diese Macht möchte es nicht verlieren, also versucht es durch Ablenkung und negative Ereignisse zu verhindern, dass wir uns in unser Herz begeben.

Wer sich für die Liebe Gottes entschieden hat und seine Aufmerksamkeit auf Gott richtet, ist nicht mehr in der Lage, Krieg zu führen, sei es mit Worten oder Waffen. Wer Jesus nachfolgt, wird seine Worte, Gedanken und Handlung in Übereinstimmung mit dem Licht und der göttlichen Ordnung bringen. Das Ego und der Verstand ordnen sich dem Herzen unter und die Energien wirken in göttlicher Harmonie zusammen.

Natürlich brauchen wir unseren Verstand und unser Ego in der greifbaren Materie. Es sind wichtige Werkzeuge, damit wir unseren Alltag bewältigen und planen können, das ist deren Aufgabe, nicht mehr und nicht weniger. Doch wir geben unserem Verstand und dem Ego mehr Aufmerksamkeit als unserem Herz, dadurch bekommt es auch mehr Macht über uns und unser Leben. Doch unser Verstand und unser Ego ist nicht das Fundament unseres Lebens, sondern nur Liebe und Licht. Auf dieser Ebene brauchen wir unser Ego und unseren Verstand nicht, sondern nur uns selbst mit unserem offenen Herzen.

Wer Gott sucht, findet ihn nur in seinem Herzen durch die bewusste Absicht, sein Herz zu öffnen und sich auf die Reise zu sich selbst zu begeben.

Die Voraussetzung dafür ist jedoch, dass wir uns anstatt für das Ego für die Liebe entschieden. Gott schenkt uns jeden Tag aufs Neue die Gelegenheit dazu, so lange, bis es uns gelungen ist. Gott hat Geduld mit uns, weil er weiß, dass wir alle eines Tages, wenn der Leidensdruck so groß geworden ist und wir genug Erfahrungen im Ego gesammelt haben, bereit sein werden, unser Herz für die Liebe zu öffnen.

Menschen glauben, dass sie Gott mit dem Verstand erfassen und begreifen können. Doch Gott ist so wie wir reine göttliche Energie, die in unserem Herzen auf uns wartet, entdeckt zu werden. Mit unserem Verstand lässt sich lediglich alles Greifbare in der irdischen Materie erfassen.

Aus der menschlichen Perspektive können wir nie das Ganze erkennen, weil wir nur einen kleinen Ausschnitt in einer Situation sehen. Auch wenn wir den Sinn einer leidvollen Erfahrung (noch) nicht erkennen, dürfen wir darauf vertrauen, dass alles seinen Sinn und seine Berechtigung hat, auch wenn wir es jetzt noch nicht verstehen können. Gott macht keine Fehler. Er weiß, was das Beste für uns ist, auch wenn wir uns manchmal etwas anderes erwarten. Es kommt die Zeit, wo wir den Sinn erkennen dürfen, wenn wir gelernt haben und genug gereift und bereit sind, unser Leben voll Vertrauen in die Hände Gottes zu legen.

Das Tor des Vergessens

Bevor wir als Seele in einen physischen Körper inkarnieren, planen wir zusammen mit Erzengel Metatron, unserem Schutzengel und unserem Geistführer, alle Details unseres zukünftigen Lebens. Wir suchen uns unsere Eltern aus. In welche Familie wir uns inkarnieren, richtet sich danach, was wir als Seele noch lernen, erfahren und lösen wollen. Dabei steht die bestmögliche Entwicklung immer an erster Stelle.

Auf der Seelenebene wissen wir noch, was wir uns ausgesucht haben und was alles auf uns zu kommt. Auch die nicht so angenehmen Dinge, die wir in diesem Leben erfahren werden, sind uns bewusst, aber wir wissen, dass es unserem Höchsten dient und in vollkommener Übereinstimmung mit unserer Seele und aus Liebe geschieht. Wir wissen auch, dass wir die beste Unterstützung durch unsere geistige Heimat erhalten. Außerdem bauen wir uns als Seele Sicherheitsmechanismen ein, z.B. durch Impulse aus der Geistigen Welt sowie durch Menschen, die uns auf unserem Weg begleiten und unterstützen und uns warnen, wenn wir vom Weg unseres Seelenplans abkommen.

Ein Beispiel aus meinem Leben: *Im ersten Kapitel habe ich davon berichtet, dass ich den Wunsch hatte, ins Kloster zu gehen. Gott sei Dank habe ich durch ein Channeling und von meiner Schwerster die Mitteilung bzw. die Warnung erhalten, nicht einzutreten. Ich erinnere mich noch an die Worte meiner Schwester, als ob es gestern gewesen wäre: „Du darfst dann nicht einmal eigene Kleidung anziehen und bist finanziell und von einem System abhängig." Diese Worte haben mich wachgerüttelt, da Unabhängigkeit in allen Bereichen einen großen Stellenwert in meinem Leben hat. Gut ich hätte den Orden wieder verlassen können, doch dadurch wäre ich einen großen Umweg in meinem Leben gegangen. Die Geistige Welt hat mich davor bewahrt, weil diese Erfahrung in dieser Inkarnation für mich nicht mehr wichtig ist. Ich habe schnell gespürt, dass ich mit diesem Vorhaben von meinem Seelenplan abgekommen wäre und wertvolle Zeit der Persönlichkeitsfindung und Entfaltung verloren hätte.*

Auf unserer Reise auf die Erde durchschreiten wir das sogenannte Tor des Vergessens und tauchen ins menschliche Bewusstsein mit seiner Ego-Energie und in die Welt der Polarität ein. Ab diesem Zeitpunkt können wir uns nicht mehr bewusst an diese Abmachungen und unseren Auftrag, mit dem wir gekommen sind, erinnern.

Das Tor des Vergessens spielt bei unserer Inkarnation eine sehr wichtige Rolle und ist die Voraussetzung, damit wir uns überhaupt auf Erden in einem physischen Körper inkarnieren können. Denn würden wir in vollkommener Erinnerung und in völliger Bewusstheit unseres göttlichen Seins inkarnieren, dann würden wir die Energien der Dualität gar nicht aushalten bzw. der Schmerz, unsere geistige Heimat verlassen zu haben, wäre viel zu groß und wir würden sofort wieder in die Seelenebene zurückkehren wollen.

Der göttliche Funke

Liebe ist überall: In jedem Geschöpf, in DIR. Wenn das nicht so wäre, würden wir nicht leben. Ohne die Liebe könnten wir nicht ewig SEIN, wir würden sterben. Alles Lebendige trägt den Funken der Liebe in sich. Es geht darum, diesen Funken wieder freizulegen, zu erkennen und das Herz für die Liebe zu öffnen und zu versuchen diesen Funken in allem und jedem wieder anzuerkennen.

Liebe ist die Essenz des ewigen Seins, der Grundstoff des Lebens und der Materie. Liebe ist die göttliche Energie, die immer war, ewig ist und ewig bleibt und weil das so ist, tragen wir alle gleichermaßen den göttlichen Funken und das Feuer der Liebe in uns, auch jene Seelen, die durch ihr Handeln noch viel Schaden und Leid über die Erde bringen.

Ich kann mir vorstellen, dass diese Tatsache für dich schwer zu akzeptieren ist und ich kann es aus der menschlichen Sicht auch gut nachvollziehen. Denn auf der Ebene des rein menschlichen Bewusstseins denken und fühlen wir mit der Energie der Dualität, durch die Trennung und Bewertung entsteht.

Doch in Wahrheit ist es so, dass wir alle in unzähligen Inkarnationen Täter und auch Opfer waren, da wir als Seele in unseren Inkarnationen alle Ebenen und Energien des Menschseins durchlaufen, um viele Erfahrungen zu sammeln und uns dadurch weiterzuentwickeln. Somit ist keiner von uns besser oder schlechter, denn wir alle, die hier inkarniert sind, haben dadurch zur Entstehung der dualistischen Energie auf Erden beigetragen.

Es geht darum, diesen göttlichen Funken in allem und jedem jetzt wieder anzuerkennen und diese Wahrheit in uns zu zulassen, damit wir in der ALL-Verbundenheit das energetische Gleichgewicht von Mutter Erde wiederherstellen und alles wieder in die göttliche Ordnung zurückgeführt werden kann.

Das Morphogenetische Feld

Das Morphogenetische Feld, oder auch kollektives Feld genannt, ist das Energiefeld, das die Erde umgibt, ähnlich wie die Aura bei uns Menschen, nur in viel größerer Ausdehnung und Reichweite und mit einer anderen Struktur. Dieses Feld trägt das Gesamtbewusstsein der Menschheit mit all seinen Emotionen in sich und wird durch unsere Gedanken, Worte und unser Handeln genährt. Alle gespeicherten Energien, die sich darin befinden, manifestieren sich früher oder später durch Ereignisse im Außen und werden so in unserer grobstofflichen Materie zu unserer Wirklichkeit.

Die Energie von Hass und Vergeltung ist jene Energie mit der das Morphogenetische Feld = das Gesamtbewusstsein der Menschheit über Jahrtausende hinweg genährt wurde.

In jenem Moment, in dem wir Vergeltung und Rache üben, indem wir zurückschlagen, befinden wir uns energetisch auf derselben Ebene unseres Feindes.

Der Gedanke von Rache und Vergeltung und seine Taten sind neben der Hab- und Profitgier einer der Hauptgründe, warum sich unser Planet am Rande der Zerstörung befindet.

In diesem Zusammenhang ist es auch von großer Bedeutung, dass wir uns bewusst werden, mit welchen Energien wir uns im Alltag umgeben und worauf wir unsere Aufmerksamkeit richten und womit wir unser eigenes Feld nähren. Dazu gehört auch die Auswahl von Fernsehsendungen und Medien.

Wir müssen uns hier klar die Frage stellen: Was wollen wir in unserem Leben und in der Welt erfahren und sehen? Wovon wollen wir mehr? Wovon weniger? Und es ist in nächster Zeit wichtiger denn je, hier die eigene Verantwortung zu erkennen und zu übernehmen.

Wenn wir auf Hass mit Hass antworten, werden wir genau diese Energie in unser Feld und unser Leben ziehen, denn Energie folgt der Aufmerksamkeit. Das ist so, als würden wir versuchen, Feuer mit Feuer zu löschen. Schon jedes Kind weiß, dass das nicht funktioniert. Dadurch erreichen wir keinen Frieden, sondern noch mehr Hass und Krieg. So drehen wir uns immer weiter im Kreis und gelangen immer wieder an denselben Punkt. Wir müssen durch eine klare Entscheidung aus diesem Kreislauf aussteigen, indem wir nur noch den Dingen unsere Aufmerksamkeit schenken, die uns aufbauen und mit Liebe und Freude erfüllen, denn dadurch wird unsere Frequenz immer weiter angehoben und dadurch haben andere Energien und die Frequenzen der 3. Dimension keine Macht mehr über uns, weil wir dieser Energie unsere Aufmerksamkeit entzogen haben.

Ich kann aus eigener Erfahrung berichten, welchen großen Unterschied das macht und wie sehr sich auch mein

Leben dadurch zum Positiven verändert hat. Hier liegen energetische Welten dazwischen.

Dadurch werden wir nur noch Harmonie, Freude, Frieden, Liebe, Schönheit und alles Lichtvolle in unser Leben ziehen und es trägt enorm zu unserem spirituellen Wachstum und somit zum Aufstieg und dem Erwachen der Menschheit bei.

Nur wenn wir uns darüber klar werden, was wir sein und in unserem Leben sehen möchten, können wir beginnen, uns danach auszurichten und nur dann können wir unsere neue Realität manifestieren.

An diesem Punkt angekommen, wird es uns auch möglich sein, aus unserer Opferrolle auszusteigen, weil wir erkennen, dass wir selbst der Schöpfer unseres Lebens und unserer Realität sind und dass wir den Umständen nicht hilflos ausgesetzt und ausgeliefert sind, wenn wir dies erkennen und leben.

Auch beim Thema Gesundheit geht es jetzt darum ,in die Eigenverantwortung zu kommen und aus der Opferrolle auszusteigen. Jene Menschen, die ständig nur von ihren Krankheiten sprechen und ihre Leiden aufzählen, merken gar nicht, wie sehr sie sich damit selbst schwächen und wie viel Energie sie dadurch verlieren, weil sie ihre Aufmerksamkeit ständig auf den Mangel richten. Das führt dazu, dass sich der Mangel in ihrem Leben in verschiedenen Bereichen manifestiert und sie wiederum Krankheiten anziehen.

Diese Energie vergiftet außerdem die Atmosphäre in einem Raum und kann sich auf das Energiesystem von Menschen auswirken, die sich nicht davon abgrenzen können.

Wir sind keine Opfer. Wir waren nie ein Opfer. Nein. Denn auch die Opferhaltung ist eine Illusion, der wir in der Dualität verfallen sind. Wir wurden nur zu Opfern, weil wir jenen geglaubt haben und jenen die Macht gegeben haben, die uns zum Opfer gemacht haben. In diesem Augenblick haben wir vergessen, wer wir sind und wie machtvoll wir sind. Erinnere dich wieder daran: Du bist kein Opfer, auch nicht das Opfer deiner Krankheit, sondern du bist dein eigener Heiler. Du trägst alles dazu in dir. Erinnere dich!

Erinnere dich daran: Du bist ein mächtiges Lichtwesen mit göttlichen Gaben. Unser Lichtkörper ist immer vollständig und gesund.

Glaube daran und bleibe im Vertrauen!

Hier kannst du dich fragen:

- In welchen Lebensbereichen fühle ich mich als Opfer?
- Womit mache ich mich selbst zum Opfer?
- Wem und welchem Umstand gebe ich Macht über mich?
- Wie viel Raum und Aufmerksamkeit gebe ich meiner Krankheit?
- Womit nähre ich meine Krankheit sogar? (Gedanken, Gefühle, Mitleid)
- Gibt es einen Krankheitsgewinn? (Mehr Aufmerksamkeit, endlich gesehen gehört, verstanden werden)
- Was möchte mir meine Krankheit sagen? Eine Krankheit enthält immer eine Botschaft. Es geht es darum, genauer hinzusehen.

- Was würde ich sich ändern, wenn ich von meiner Krankheit geheilt wäre?

Wer Jesus ernsthaft und im Herzen nachfolgen möchte, der muss sich von all diesen Emotionen und dem damit verbundenen Denken und Verhalten lösen. Denn im Bewusstsein der Liebe ist es nicht mehr möglich, diese Emotionen zu nähren und Taten der Vergeltung und des Hasses auszuüben. Dieses Bewusstsein macht es unmöglich und erlaubt es einfach nicht mehr zu kämpfen und weder gegen sich selbst noch gegen irgendein Geschöpf dieser Welt Krieg zu führen oder sich in irgendeiner Form am Krieg zu beteiligen.

An dieser Stelle möchte ich die Geschichte von Franz Jägerstätter erzählen. Er ist neben Jesus hier mein absolutes Vorbild. Seine Seele gehört auch zu meinem spirituellen Team dazu und unterstützt mich bei meiner energetischen und spirituellen Tätigkeit als Medium, besonders bei der Energie-Übertragung – der Auraharmonisierung.

Der Fall Jägerstätter

Franz Jägerstätter ist für mich mit seinem Handeln und durch seine Entscheidung, den Kriegsdienst zu verweigern und nicht der NS-Ideologie zu folgen, ein großes Vorbild. Vom heiligen Geist geführt, mit einem tiefen Glauben und von der Liebe Gottes erfüllt, gab sich Franz Jägerstätter trotz der Konsequenz, sein Leben durch diese Entscheidung zu verlieren, dem Ruf seines Herzens und seiner Seele hin. Durch sein Beispiel können wir erkennen, wie mächtig und stark die Liebe Gottes und die damit verbundene Energie in einem Menschen wirkt.

Ich habe mir die Verfilmung über seine Geschichte und seinen Weg schon oft angeschaut und habe auch das Buch „Christus oder Hitler“ gelesen. Sein unerschütterlicher, tiefer Glaube an Jesus und sein entschlossenes Handeln sowie seine Standhaftigkeit haben mich tief berührt und faszinieren mich sehr. Ich versuche mich immer wieder in seine Person und sein Leben hineinzuversetzen und ich habe mir die Frage gestellt: „Wie würdest du handeln an seiner Stelle?“ Er hat tief in sein Herz gehört und dabei die Stimme Gottes vernommen und die Wahrheit dahinter erkannt und ist trotz widrigster, lebensgefährlicher und unter den grausamen Bedingungen, die damals herrschten, stark geblieben und hat sich nicht von den Stimmen und Zweifeln im Außen davon abbringen lassen. Seine tiefen und einfachen Worte haben mich so tief berührt. Ich finde mich in seinen Überzeugungen selbst wieder.

Er war ein einfacher Bauer und hat mit seiner Frau Franziska und seinen drei Kindern in St Radegund in Oberösterreich gelebt. Er hatte keine besondere Schulbildung. Dennoch ist es ihm durch den Geist Gottes gelungen, seine Überzeugungen, seine Wahrheit und seine Offenbarungen im Zusammenhang mit der damaligen politischen Lage zu schildern, und er hat dabei auch sein inneres Wesen zum Ausdruck gebracht. Für mich war Franz Jägerstätter eine unendlich große Persönlichkeit. Es war sicher sehr schwer, die wahren Absichten hinter diesem schrecklichen System zu erkennen. Die meisten Menschen ließen sich aus Unwissenheit und ihrer wirtschaftlichen Not heraus von den Versprechungen verlocken und haben gar nicht selbst nachgedacht, was wirklich dahintersteckt. Sie waren nicht in der Lage dieses System zu durchschauen oder hatten nicht den Mut sich dagegen zu entscheiden, so wie Franz Jägerstätter. Ich sehe diese Offenbarungen als große Gnade. Franz Jägerstätter hat erkannt, wo dieser „Zug" wie er es nannte, hinführt – nämlich in die Hölle und mich hat der Satz von ihm so berührt: „Ich möchte nicht mitfahren!" – das hat er vor Gericht immer wieder so ähnlich wiederholt. Er hat immer wieder beharrlich seine Standpunkte vertreten mit so einfachen Worten und seiner klaren Haltung und seiner tiefen Überzeugung.

Durch meine heutige spirituelle Entwicklung und mein Bewusstsein der Liebe ist mir klar, dass Franz Franz Jägerstätter gar keine andere Wahl gehabt hat, als diese Entscheidung zu treffen. Ich spüre und erfahre das Wirken der Liebe Gottes am eigenen Leib und in meinem Bewusstsein und meinem Leben. Ich kann heute wirklich ganz überzeugend behaupten, dass ich an seiner Stelle genau dieselbe Entscheidung getroffen hätte. Wer von der Liebe Gottes erfüllt ist, kann den dualistischen und ideologischen Werten und Vorstellung eines Systems nicht mehr folgen. Im Bewusstsein der Liebe Gottes erkennen wir, Gott als unsere einzige Autorität, das bringt Jesus mit der Aussage: „Ich muss Gott mehr gehorchen als den Menschen" für mich sehr treffend zum Ausdruck. Im Krieg müssen die Menschen ohnehin sterben, hier aber für die falsche Sache, das waren auch seine Worte. Franz Jägerstätter wurde 1943 schließlich hingerichtet.

Ich bin mir darüber bewusst, dass es für Menschen, die sich noch im Bewusstsein der Dualität befinden, nicht möglich ist, diese Aussagen, Entscheidungen und die Lebens-

weise nachzuvollziehen und zu verstehen, denn nur wer sich im Bewusstsein der Liebe befindet und die kraftvolle Energie spürt, ist in der Lage, dies nachzuempfinden. Aus menschlicher Sicht, des Bewusstseins der Dualität, stellt es sich so dar, als habe Franz Jägerstätter seine Familie durch seine Entscheidung im Stich gelassen, aber seine Frau Franziska hat die Entscheidung ihres Mannes akzeptiert und war sogar in der Lage, seine schwerwiegende Entscheidung zu verstehen und hat ihren Mann sogar in Briefen darin bestärkt.

Wer sein Leben für mich gibt, der verliert es nicht, sondern wird es gewinnen.

Mit dem Krieg Russlands befinden wir uns wieder in der Energie des 2. Weltkriegs. Es geht darum, diese Energie jetzt zu transformieren.

Auf der menschlichen Ebene geschieht all das aus Unwissenheit. Jeder Gedanke, jedes Wort und jede Handlung haben eine Ursache und eine Wirkung auf uns und den gesamten Planeten und früher oder später werden wir unweigerlich mit den Auswirkungen konfrontiert. Das hat Jesus mit der Aussage „sie wissen nicht, was sie sich selbst antun“ gemeint. Auch Unwissenheit schützt uns nicht vor den Konsequenzen und den Auswirkungen unseres Handelns.

Wir haben die Möglichkeit, aus unseren Erfahrungen zu lernen und durch Erkenntnisse unser Bewusstsein zu erweitern, um dadurch neue Entscheidungen treffen zu können.

Erdung

Jedes Mal, wenn mich die unendlich beglückenden Wellen der Liebe Gottes und die Wahrheit aus meiner Geistigen Heimat – der Engelebene – durchströmen, spüre ich ein unfassbar erhebendes Gefühl, das mich in den Himmel trägt. Es sind Erinnerungen, die dadurch in mir aufleben. Es gab eine Zeit, wo ich kaum geerdet war und in den Geistessphären herumgeschwebt bin. Das mag jetzt vielleicht verrückt klingen: Ich fühlte mich durch die Liebe Gottes high. Ich war nicht mehr richtig in der Lage, klar zu denken und wurde dadurch regelmäßig energetisch über mein Kronenchakra hinauskatapultiert und habe so den Boden unter meinen Füßen verloren. Ich kann diesen Zustand nur schwer in Worte fassen. Das machte mir aber nichts aus und ich habe es anfangs sogar genossen und als Geschenk gesehen. Doch dieser Zustand führte allmählich zu Problemen im Alltag und verstärkte in mir das Gefühl, des Fremdseins und des Nichtdazugehörens. Ich war zeitweise handlungsunfähig und mein Körper wurde kaum noch mit Lebensenergie versorgt, da mein Wurzelchakra nicht richtig verankert war. Das ging so weit, dass meine menschlichen Anteile begonnen haben, sich teilweise aufzulösen, und ich nicht mehr richtig an normalen Gesprächen teilnehmen konnte und mich ganz anders ausgedrückt habe. Ich befand mich immer wieder auf der geistigen Ebene, ohne mir dessen bewusst zu sein. Ich hatte zwar immer wieder Gedanken an das Sterben und dass ich mich sogar darauf freue, aber das ist für mich nicht ungewöhnlich, weil ich seit meiner Kindheit und durch meinen Beruf mit dem Thema Tod konfrontiert bin und mir dieses Thema sehr vertraut ist.

Meine letzte Erfahrung mit dem Thema Erdung brachte dann schließlich den Wendepunkt. Es war ein sehr einschneidendes Erlebnis, das ich mit Gott und Jesus hatte und das mich auf den Boden zurückgeholt hat: Ich habe eine Wahrung erhalten. Mir wurde mitgeteilt, dass, wenn es mir jetzt nicht gelingen würde, mich zu erden, ich meinen Auftrag und meine Inkarnation nicht abschließen kann. Das war das allerletzte, was ich wollte, denn für mich spielt die Vollendung eine große Rolle und so habe ich begonnen, dieses Thema anzugehen und zu lösen. Die Geistige Welt und Gott selbst haben mich sehr dabei unterstützt und mich angeleitet, so dass es mir immer besser gelungen ist. Es ging auch darum, die göttliche Ebene in mir mit der irdischen Ebene zu verbinden. Das ist mir bis dahin sehr schwergefallen. Ich war mir nie darüber bewusst, welche Auswirkungen es hatte, wenn ich nicht geerdet bin. Für mich war das ja der Normalzustand, nicht geerdet zu sein. Ich kannte noch nichts anderes in dieser Inkarnation. Anfangs war das ein Schock für mich, diese Erfahrung machen zu müssen. Heute aber weiß ich, dass mich diese Erfahrung in meiner Entwicklung vorangebracht und mich gestärkt hat. Ich bin Gott sehr dankbar, dass er nicht zugelassen hat, dass ich wieder zurückkehre in meine geistige Heimat und meine Inkarnation somit abbreche, so wie ich es zeitweise gerne tun wollte. Das wäre der größte Fehler gewesen.

Ich muss immer wieder darauf achten, geerdet zu sein, da ich doch immer wieder dazu neige die Erdung zu verlieren. Das hat mehrere Gründe, die mir bekannt sind, aber heute bin ich mir dessen bewusst und weiß, was zu tun ist.

Eine gute Erdung ist vor allem in der jetzigen Phase des Aufstiegs enorm wichtig. Ohne Erdung können wir nicht weitergehen. Es ist sehr wichtig uns bewusst jeden Tag mit Mutter Erde zu verbinden und auch mit dem Himmel, da wir die Brücke zwischen Himmel und Erde sind und die Geistige Welt nur so durch uns wirken kann.

Nicht geerdet zu sein, kann ein gefährliches Maß annehmen. Ich kann jedem, der sich hier angesprochen fühlt, raten, dieses Thema ernst zu nehmen und sich damit auseinanderzusetzen sowie sich täglich zu erden und sich, wenn nötig, Unterstützung aus der geistigen Welt oder in Form von Begleitung durch einen Energetiker zu suchen.

Ich lege jedem, der mit der Erdung Schwierigkeiten hat, ans Herz es ernst zu nehmen und sich damit auseinanderzusetzen.

Eine einfache und schnelle Erdungsübung

Stell dich aufrecht hin und atme ein paar Mal durch die Nase ein und den Mund aus. Schließe dabei deine Augen und stell dir vor, wie sich aus deinen Beinen dicke Baum- oder Lichtwurzeln in die Erde graben und sich dort verankern.

Du kannst diese Übung auch im Liegen durchführen: Stelle dir vor, wie deine Beine immer länger und länger werden und du nicht mehr wahrnehmen kannst, wo deine Füße beginnen und wo sie enden.

Gehe auch immer wieder barfuß, umarme einen Baum und verbinde dich mit ihm. Du kannst die Verbindung zu Mutter Erde noch besser spüren, wenn du den Baum mit deinem Wurzelchakra berührst.

Eine gute Möglichkeit ist auch die Fußfesseln zu halten.

Die Kraft der Bäume

Hast du schon einmal einen Baum umarmt und dabei seine unendlich starke Kraft gespürt?

Ich mache das regelmäßig und ich verbinde mich dadurch ganz bewusst mit den Naturwesen und Mutter Erde. In diesem Augenblick habe ich das Gefühl, mit der Energie des Baumes zu verschmelzen. Ich spüre seine Weisheit, seine Liebe und sehe auch oft seine Aura, die mich umgibt. Danach bedanke ich mich und segne ihn.

Für mich ist es jedes Mal wieder überwältigend, wenn ich die Energie eines Baumes in mich aufnehmen darf, und manchmal kommen mir sogar die Tränen. Ich fühle mich immer so beschenkt dadurch und ich spüre die unendliche Liebe und Verbundenheit zu den Naturwesen und Mutter Erde.

Naturwesen, Elfen und Feen

Ich war gerade im Wald unterwegs, als ich plötzlich eine Gestalt an meiner linken Seite wahrnahm. Es war ein zartes Wesen, mit blonden langen Haaren, groß, schlank und mit einem weißen weiten Kleid. Ich fragte: „Wer bist du?“ Darauf antwortete das unbekannte Wesen: „Mein Name ist Lilie und ich bin eine Fee, die dich schon lange belgeitet und jetzt endlich mit dir in Kontakt treten und mit dir kommunizieren möchte.“

In den folgenden Monaten und Wochen hat sie sich beim Spazierengehen jedes Mal wieder gezeigt und ich konnte ihr zusehen, wie sich hinter den Bäumen versteckt hat und verspielt herumgehüpft ist und mir sehr viel Freude und Leichtigkeit geschenkt hat.

Leider habe ich den Kontakt im Laufe der Jahre wieder verloren. Doch jetzt spüre ich wieder den Impuls sie wieder in mein Leben einzuladen.

Auch Zwerge begegnen mir immer wieder auf meinen Streifzügen durch meinen Lieblingswald. Naturwesen treiben gerne Schabernack und sind sehr weise. Sie sind zwar scheu, zeigen sich aber gerne jenen Menschen, die ihr Herz für ihre Welt öffnen.

Naturwesen halten mit ihrer Energie gemeinsam mit den Bäumen, den Delfinen und Walen das Gleichgewicht von Mutter Erde aufrecht.

Ihre Welt ist mystisch, bunt und wie im Märchen. Überall zeigen sich prächtige Farben und die Vielfalt der Natur, im ursprünglichen Zusammenspiel und im Urzustand. Sie bewahren die Schätze und die Schönheit der Erde und schützen ihr Wesen und sind in tiefer Liebe und Achtung mit Mutter Erde verbunden.

Naturwesen sind sehr verspielt, lieben das Leben und tanzen und singen gerne. Gehe das nächste Mal bewusst und achtsam durch den Wald und verbinde dich mit ihnen, indem du dich an einen ruhigen Platz begibst und z.B. einen Baum bestaunst und dein Herz für ihn öffnest. Naturwesen halten sich meistens in den Bäumen auf. Bitte die Naturwesen, sich dir zu zeigen. Sage ihnen, dass du in friedlicher Absicht gekommen bist und gerne ihre Welt kennenlernen möchtest. Wenn es nicht beim ersten Mal funktioniert, sei nicht enttäuscht, sondern versuche es so lange, bis es klappt. Das ist reine Übungssache und eine Frage der Absichtserklärung.

Das Kreuz

Bitte betet nicht mehr zum gekreuzigten und gestorbenen Jesus. Dadurch bleibt die Energie seiner Hinrichtung und seines Todes und des Leids im kollektiven Feld bestehen, weil diese Energie immer wieder genährt wird. Nehmt Jesus innerlich endlich vom Kreuz. Richtet eure Gebete mit weit geöffnetem Herzen mit Hingabe und in Dankbarkeit an den lebendigen Gott in euch. Denn nur der lebendige Gott richtet uns auf und führt uns zur inneren Auferstehung.

Der Mensch stellt im aufrechten Stand und mit waagerecht ausgestreckten Armen das Kreuz dar.

Wir können uns selbst entscheiden, ob wir das Kreuz der Heilung oder das Kreuz des Leidens sein möchten.

Die Bedeutung der Ebenen

Waagerechte Ebene: Stellt durch die Wirbelsäule die göttliche Ebene dar. Es ist wichtig, dass diese Ebene durch die bewusste Verbindung zu Gott in uns gestärkt und gelebt wird, damit wir immer aufrecht durchs Leben gehen können. Somit sind wir das Kreuz der Heilung.

Die senkrechte Ebene: Stellt die menschliche Ebene mit allen ihren Zweifeln, Gedanken, Sorgen und Ängsten dar. Meistens halten wir uns mit unserem Bewusstsein in dieser Ebene auf. Wir sind ständig hin und her gerissen. Unsere Gedanken sind einmal hier und einmal dort und wir befinden uns nicht in unserer Mitte. Wenn wir mit unserem Bewusstsein und unserer Aufmerksamkeit in die göttliche Einheit gelangen, d.h. in die senkrechte Ebene, dann verbinden sich beide Ebenen und beide Gehirnhälften. Dazu die Zentrierungsübung auf S. 119.

Gebet

Unsere Gebete werden zu jeder Zeit erhört, auch wenn wir glauben, dass es nicht so ist. Wenn sich ein Gebet oder ein Wunsch nicht sofort erfüllt, liegt es daran, dass noch nicht der richtige Zeitpunkt gekommen ist und dass es zu dieser Zeit sogar schädlich wäre, wenn sich ein Gebet oder ein bestimmter Wunsch erfüllen würde.

Gebete sind sehr machtvoll, wenn sie in Liebe, Demut und Dankbarkeit und mit Hingabe gesprochen werden. Ich richte so gut wie keine Bitt-Gebete mehr an Gott, sondern nur noch Dank-Gebete, d.h. ich bedanke mich schon im Voraus für alles, was geschehen darf bzw. ich gebe Gott nicht vor, was wann und wie geschehen soll, sondern bin einfach offen für alles, was mir durch seine Liebe geschenkt wird, und mir wurde schon so vieles geschenkt, mit dem ich nicht gerechnet habe. Bei diesem Thema spüre ich die Energie von Maria sehr intensiv, die in mir wirkt. Ich gebe mich immer wieder bewusst in meinem Herzen Gott hin, ohne etwas zu wollen oder nach etwas zu streben, und versuche mich leer zu machen, denn nur leere Hände können empfangen. Alles, was geschehen soll, geschieht ohnehin.

Unser Seelenplan hat sehr viel Macht und verwirklicht sich sehr kraftvoll, weil dafür gesorgt wird, dass sich unser Plan erfüllt.

Wo zwei oder drei in meinem Namen versammelt sind, da BIN ICH mitten unter ihnen

Diese Aussage drückt die Kraft der Gruppendynamik im positiven Sinn aus.

Wo sich Menschen in der gleichen Absicht der Liebe und im Frieden verbinden, wirkt der Geist Gottes in und durch die Menschen und die Kraft und Energie, die ausgesendet wird, vervielfältigt sich.

Darum ist es besonders in diesen Zeiten des äußeren Chaos umso wichtiger, nicht mehr als Einzelkämpfer durchs Leben zu gehen, sondern sich mit Gleichgesinnten und Lichtarbeitern zu verbinden und zu vernetzen, um mehr zum Wohle aller zu erreichen und gemeinsam wirken zu können, z.B. im Gebet.

Wenn du schon einmal an einem spirituellen Seminar oder einer Gruppenmediation teilgenommen hast, konntest du vielleicht die besondere und starke Kraft und Energie in der Gruppe spüren, die durch die Verbundenheit im Geist und durch die Herzensenergie entsteht.

Ich durfte viele solcher Erfahrungen machen. Zuletzt sehr intensiv bei der Online-Ausbildung zum Engelmedium. Ich kannte vorher keinen der Teilnehmer und trotzdem war gleich zu Beginn eine Vertrautheit zu spüren und unsere gemeinsame Energie hat sich multipliziert. Diese Energie ist so stark, dass sie sogar über weite Distanzen und sogar online ganz stark zu spüren ist und Menschen an jedem Ort der Welt verbindet.

Die Kraft des Geistes Gottes und die Liebe überwindet alle Grenzen und Distanzen und verbindet Menschen, Tiere, Völker, Kulturen und Nationen, wenn Menschen ihre inneren Grenzen und Zäune abbauen und beginnen, in die Herzensenergie zu gehen und sich trotz aller äußeren Unterschiede, verschiedenen Ansichten und Meinungen verbinden.

Also verbindet euch so oft wie möglich im Geist und im Herzen zum Gebet, um die Kraft und die Liebe zu vervielfältigen, denn darauf kommt es jetzt an. Es muss viel Liebe und Frieden ins kollektive Feld, mehr als jemals zuvor!

Die Kraft der Vergebung

Selbstvergebung und Vergebung ist eine starke Energie und wirkt wie ein Katalysator für die Transformation und Heilung der Herzen.

Selbstvergebung und Vergebung ist eines der größten und schwierigsten Themen der Menschheit. Wir stecken in unserer Verletzung und dem Schmerz der Vergangenheit fest und bauen eine Mauer um unser Herz auf. Wir machen uns zum Gefängniswärter unseres eigenen Herzens und aller Beteiligten, weil wir jenen Menschen, die uns etwas angetan haben, in der Schuld halten. Wir sind dann nur noch mit uns selbst beschäftigt und nicht mehr in der Lage Empathie zu empfinden, und verfallen in die Verbitterung. Unser Herz ist wie betäubt. Wir drehen uns im Kreis und verlieren die Verbindung zu Gott in uns und zu unseren Mitgeschöpfen. Wir fühlen uns einsam und getrennt von allem und verstricken uns immer mehr mit unseren Emotionen von Wut, Hass und Selbstmitleid.

Menschen, die nicht vergeben können, belasten sich selbst und tragen eine große Last auf ihren Schultern, weil sie anderen etwas nachtragen. Sie wissen nicht, was sie sich selbst damit antun, weil sie sich mit ihrem Groll selbst vergiften und sehr viel Kraft und Lebensenergie verlieren. Wer nicht bereit ist zu vergeben, landet früher oder später in der Verbitterung, wird innerlich hart und beraubt sich außerdem der Erfahrung des Neubeginns. Dieses Geschehen macht sich am Gesichtsausdruck bemerkbar.

Menschen, die noch nicht bereit sind zu vergeben, haben noch nicht erkannt und gespürt, welche heilende Energie durch Vergebung in Gang gesetzt wird. Vergebung wirkt sich nicht nur positiv auf alle Beteiligten aus, sondern bereichert auch das eigene Leben und führt zur inneren Freiheit und Leichtigkeit.

Wir alle sind doch sicher dankbar und froh, wenn auch uns vergeben wird, wenn wir um Vergebung bitten.

Durch die Energie der Vergebung beschleunigen wir unsere menschliche und spirituelle Entwicklung. Nur wer sich selbst und anderen vergibt, kann sein Herz heilen und wird wieder frei und unbelastet. Dadurch sprechen wir uns selbst und alle Beteiligten von der Schuld frei.

Es wird davon gesprochen, dass Gott uns anklagt und dass wir, wenn wir sterben, vor seinem Gericht stehen. Durch diese Annahme werden menschliche Denk- und Handlungsweisen auf Gott übertragen. Wenn Gott uns anklagen würde, wäre er nicht Gott, sondern ein Mensch, denn nur wir Menschen klagen an und verurteilen, doch Gott ist nichts als bedingungslose Liebe – diese gilt und wirkt, wie der Name schon sagt, bedingungslos für jedes Geschöpf im Universum und für alle Ewigkeit. Gott schenkt uns sein Vertrauen bedingungslos und lässt uns durch Erfahrungen und Irrwege wachsen, lernen und reifen.

Gerade jenen, die uns verletzt und uns Schmerz zugefügt haben, sollte unser Dank gebühren, denn diese Menschen sind unsere Entwicklungshelfer. Es geht darum, das zu erkennen und die Chance zum Wachstum zu nutzen.

Wir dürfen Gott immer darum bitten, uns zu helfen, damit wir lernen, durch Transformation zu vergeben, und dadurch beginnen, uns selbst und andere zu lieben.

Meine persönliche Erfahrung mit dem Thema Vergebung: *Ich war schon immer jemand, der keiner Menschenseele für etwas böse sein konnte. Ich hatte nie Schwierigkeiten, jemandem zu verzeihen. Das ist eine Gnade, ich weiß. Ich habe diese Entwicklung wahrscheinlich bereits in diese Inkarnation mitgebracht. Diese Gabe hat meinen Transformationsprozess erleichtert.*

An dieser Stelle möchte ich ein persönliches Beispiel erzählen: Im ersten Kapitel habe ich kurz erzählt, dass ich in der Schule gemobbt wurde. Es waren zwei Mädchen, die mir meinen Schulalltag wirklich zur Hölle gemacht haben. Das ging so weit, dass ich Angst-Fieber entwickelt habe und nicht mehr in die Schule gehen wollte. Jeder Atemzug war eine Qual für mich und ich habe schwer Luft bekommen und konnte nur noch im Sitzen schlafen. Meine Hände waren blau verfärbt. Doch ich habe versucht weiterzumachen und stark zu bleiben, bis zu jenem Tag, an dem ich vor Schmerzen keine Kraft mehr hatte und so schwach war, dass ich zusammengebrochen bin. Damals war ich das typische Opfer. Ich habe mich nicht zur Wehr gesetzt und es niemandem erzählt, aus Angst davor, noch mehr gemobbt zu werden.

Ich wurde schließlich ins Spital eingeliefert. Dort wurde dann meine Erkrankung Lupus (Wolf) festgestellt, die durch das Mobbing und den psychischen Druck ausgebrochen ist. Es handelt sich um eine Autoimmunerkrankung, die bei mir das Herz bzw. den Herzbeutel betrifft und dort zu einem Herzbeutelerguss geführt hat. Außerdem habe innerhalb kurzer Zeit viel Gewicht verloren, weil ich auch keinen Appetit hatte.

Ich war sehr erleichtert, als die Diagnose festgestellt wurde. Ich muss aber dazu sagen, dass ich das Ganze anfangs völlig unterschätzt habe und bei meiner Mama die Auswirkungen dieser Erkrankung hautnah miterlebt habe. Sie ist im Dezember 2019 schließlich an den Folgen verstorben.

Bei mir ist die Erkrankung Gott sei Dank nur sehr leicht ausgeprägt und im Moment nicht einmal nachweisbar.

Ein paar Tage später haben mich die beiden Mädchen im Spital besucht und mich um Vergebung gebeten. Ich musste gar nicht überlegen und habe sie in den Arm genommen.

Ich bin den beiden wirklich dankbar. Das mag für den einen oder anderen vielleicht absurd klingen, aber ohne die beiden und das Mobbing, hätte mein Weg zu mir selbst nicht so schnell beginnen können. Dadurch wurde ich auf meinen Weg und zu meinem Herzen geführt. Ich habe sofort die Chance zur Entwicklung darin erkannt und genutzt und ich kann nur sagen: Es war genau richtig so.

Die Magie der Selbstliebe und Selbstannahme

Das Thema Selbstliebe und meine Bedürfnisse zu erkennen und wahrzunehmen war aufgrund meiner Familiengeschichte mein größtes Thema und jedes Mal bekam ich von meiner Energetikerin denselben Satz zu hören: Liebevoll schaue ich mich.

Lange Zeit wollte ich nur meine Lichtseiten sehen und habe meinen Schatten abgelehnt und dadurch von mir abgespalten.

Lange war mir nicht bewusst, dass ich nicht mein eigenes Leben gelebt habe, sondern das Leben meiner Mama. Aufgrund ihrer Erkrankung habe ich früh begonnen, ihre Verantwortung zu tragen und die Mutterrolle zu übernehmen. Ich war immer hautnah dabei, wenn es ihr so schlecht gegangen ist und sie kurz davor war zu sterben.

Hier möchte ich gerne zwei Situationen schildern, die mir bis heute im Gedächtnis geblieben sind:

Es war kurz vor Weihnachten im Jahr 2000. Meine Mama und ich saßen gemütlich im Wohnzimmer, als sie von jetzt auf gleich kreideblass wurde und kaum noch Luft bekommen hat. Mir war sofort klar, dass es ernst war. Im Spital wurde festgestellt, dass ihre Lungenfunktion nur noch 30% beträgt und ein großer Teil der Lunge durch die Krankheit angegriffen war und sich vernarbt hatte. Sie hat es überlebt und der gesunde Teil der Lunge hat einen Teil der Lungenfunktion wieder übernommen. Meine Mama wünschte sich vor diesem Vorfall des Öfteren Luft in Dosen. Die hat sie danach verordnet bekommen. Solche Situationen gab es mehrere. Ich war damit fast immer auf mich allein gestellt, da meine älteren Geschwister schon aus dem Haus waren. Ich habe solche Ängste entwickelt und mich oft nicht gewagt, aus dem Haus zu gehen, aus Angst, dass meiner Mama etwas passiert.

Als ich fünf Jahr alt war, ist meine Mama das erste Mal mit einer Lungenentzündung auf der Intensivstation gelegen. Sie erzählte mir, dass sie schon kurz davor war zu sterben, als sie plötzlich meine Stimme gehört hat, die rief: „Mama, ich brauche dich.“ Dadurch ist sie wieder zurückgekommen.

Im Laufe der Jahre hat sich ihre Energie auf meinen Energiekörper gelegt, ohne dass mir das bewusst war. Ich habe zunehmend Nacken- und Schulterprobleme bekommen. Ich fühlte mich oft geschwächt und habe gemerkt, dass meine Lebensfreude immer mehr verschwindet, aber mir war bis dahin nicht klar, dass hier die Ursache liegt. Das habe ich erst später herausgefunden. Ich habe mich für meine Mama aufgeopfert und mich damit selbst zum Opfer gemacht. Ich habe mich immer mehr aus den Augen verloren und meine eigenen Bedürfnisse oft zurückgestellt und schließlich vergessen, dass ich eigene Bedürfnisse habe.

Bis zu dem Zeitpunkt, an dem ich durch meine Persönlichkeitsentwicklung gemerkt habe, dass hier etwas nicht richtig läuft. Ich habe begonnen mich selbst und meine Situation zu reflektieren. In diesem Prozess, den ich schriftlich festgehalten habe, wurde mir das ganze Ausmaß bewusst und die emotionale und krankhafte Abhängigkeit zu meiner Mutter, in der ich mich befand. Mir wurde bewusst, dass hier ein emotionaler Missbrauch passiert ist. Diese Erkenntnis hat mich ziemlich schockiert und ich hatte Schwierigkeiten, alle Erkenntnisse ehrlich auszusprechen, da wir als Kinder glauben und davon ausgehen, dass unsere Eltern immer recht haben. Doch ich weiß, dass meine Mama nicht anders konnte. Sie war durch ihre Krankheit zunehmend gezeichnet und einfach nur froh, dass ich da war, um mich um sie zu kümmern. Es passierte alles aus Unwissenheit, da meine Mama nicht in der Lage war, ihre Prozesse und ihre Situation so wie ich zu reflektieren. Dadurch kam es in der Folge zu Problemen in unserer Beziehung. Eine gesunde Mutter-Tochter-Beziehung war so nie möglich. Es fehlte der Raum und die Zeit für Aktivitäten und tiefere Gespräche Ich versuchte vergeblich meiner Mama nahe zu bringen, wo wir uns befinden und was mit uns passiert. Ich habe versucht, ihr zu erklären, was mir bewusst geworden ist. Ich habe meiner Mama nie die Schuld an irgendetwas gegeben – im Gegenteil – ich habe versucht ihr den Weg in die Freiheit zu zeigen, doch das ist mir nicht gelungen. Meine Mama war bis zuletzt nicht in der Lage, diese Erkenntnisse zu gewinnen. Sie fühlte sich überfordert und befand sich in einer emotionalen Sackgasse. Sie war zu sehr in ihrem Schuldgefühl und auch in ihrem Selbsthass gefangen und hatte von mir verlangt, dass ich mich auch so verhalte, doch das konnte ich natürlich nicht. In diesem Zusammenhang ist mir auch bewusst geworden, dass meine Mama und ich, obwohl wir durch die Liebe auch über den Tod hinaus eine starke Verbindung haben, doch vom Wesen her gänzlich unterschiedlich waren. Wir waren Gegenpole. Meine Mama war das Feuer und ich das Wasser. Ich habe lange geglaubt, ich muss meine Mama retten, und habe es vergeblich versucht. Das war ein Irrglaube, aber das weiß ein Kind noch nicht.

Da mir lange nicht bewusst war, in welcher Situation ich mich befinde und mir auch nicht über meine Bedürfnisse klar war, kam diese Energie immer wieder in meiner Aura zum Vorschein. Bis ich schließlich gelernt habe, mich vor allem gegenüber meiner Mama abzugrenzen, und „Stopp“ zu sagen und so aus der Aufopferung ausgestiegen bin. Ich habe auch die Konflikte und die Ablehnung, die mir von meiner Mama entgegengekommen ist, durchgestanden. Dadurch hat sich mein ganzes Leben positiv verändert und es wurden viele neue Wachstumsprozesse in mir in Gang gesetzt.

Mit dem Tod meiner Mama ist die ganze Belastung von meinen Schultern gefallen und ich habe seither auch keine Probleme mehr mit meiner linken Schulter. Anfangs war es für mich zwar noch ungewohnt, plötzlich so viel Zeit und Energie für mich zu haben, und ich musste lernen, damit umzugehen, doch das war nicht sehr schwer.

Falls du ebenfalls einen ähnlichen Weg hinter dir hast und jetzt denkst, ich kann mir solch schwierige Familienverhältnisse und meine Eltern doch nicht ausgesucht haben, versichere ich dir: Doch du hast dir deine Familie und die Umstände in deinem Leben ausgesucht, um dadurch zu wachsen. Wie im Kapitel *Das Tor des Vergessens* beschrieben: Du darfst dich in diesem Augenblick, in dem du dies liest, wieder daran erinnern und deine Erkenntnisse gewinnen.

Vertrauen und Achtsamkeit sind in der Neuen Zeit eine wichtige Voraussetzung. Dazu braucht es aber die Selbstliebe und die Selbstannahme, damit du dir immer näherkommen und dir selbst bedingungslos vertrauen kannst. Außerdem ist es wichtig, dass du deine Bedürfnisse kennst und dafür einstehst und sie nicht mehr länger unterdrückst und wegschiebst. Nur so wird es dir gelingen, aus deinem Selbstmitleid und der Opferrolle (entsteht durch Aufopferung) herauszukommen. Du darfst lernen, dich als erster zu lieben, das hat nichts mit Egoismus zu tun, sondern mit Selbstachtung und Selbstwertschätzung. Nur wenn du dich selbst liebst, bist du in deiner Kraft und nur dann kannst du deine Liebe auch an andere weitergeben und für andere da sein. Dadurch geht es allen in deinem Umfeld besser. Außerdem erhältst du von deinem Umfeld mehr Anerkennung und Wertschätzung, weil du dich selbst achtest und wertschätzt – Gesetz der Anziehung. Du darfst lernen, auch einmal Nein und Stopp! zu sagen und Prioritäten zu setzen und das ohne schlechtes Gewissen. Dadurch wirst du auch spirituell wachsen und hast mehr Zeit für dich selbst und die wesentlichen Dinge in deinem Leben. Aber das kannst du nur schaffen, indem du beginnst, für dich selbst einzustehen, deine Wahrheit auszusprechen, ganz egal, was auch immer deine Wahrheit ist, und egal, was andere dazu sagen, und lernst, dich selbst anzunehmen und zu lieben. Selbstliebe ist ein Herz- und Türöffner für alle weiteren Prozesse und wirkt wie ein Katalysator für deinen persönlichen Aufstieg.

Mütterlichkeit und Muttersein

Aufgrund meiner eigenen Lebensgeschichte setze ich mich immer wieder mit dem Thema Mütterlichkeit und mit der Frage „was bedeutet Muttersein?“ auseinander. Ich weiß aus Erfahrung, welche Probleme es mit sich bringt, wenn das Familiensystem durch vertauschte Rollen durcheinandergerät, und ich möchte allen, die das auch erleben, Mut machen und zeigen, dass es möglich ist, aus den Mustern unsere Großeltern und Eltern auszusteigen und somit die Kette der Weitergabe zu unterbrechen. Ich habe bereits mit fünf Jahren unbewusst die Lasten meiner Mutter und auch teilweise die Verantwortung für sie übernommen. Kinder tun das automatisch, weil sie möchten, dass es ihren Eltern gut geht, und nicht möchten, dass sie leiden. Kinder lieben ihre Eltern bis zu einem gewissen Alter bedingungslos. Kinder sind, bis sie sich selbst erhalten können, von ihren Eltern abhängig. Wenn ein Elternteil erkrankt ist, wie es bei mir der Fall war, tun die Kinder alles, damit der Alltag irgendwie weitergeht, um damit ihr Überleben zu sichern und zu helfen. Vor allem die Kinder der Neuen Zeit, zu denen ich als Indigokind auch gehöre, nehmen die Schwingung und Energien ihrer Eltern noch viel intensiver wahr. Das kann so weit gehen, dass sie das Leid der Eltern am eigenen Leib spüren und es sogar übernehmen, so, wie es bei mir der Fall war. Ich möchte alle, die Ähnliches erleben oder erlebt haben, ermutigen, aus der Aufopferung und dem Leid der Eltern und der Familie auszusteigen, denn nur so könnt ihr euren Auftrag in eurer Familie erfüllen und für eure Eltern Licht sein. Es ist wichtig, vom Mitleid ins Mitgefühl zu gelangen – hier liegt ein großer Unterschied. Steigt aus der Aufopferung aus. Solange wir uns in der Aufopferung befinden, sind wir immer das Opfer unsere eigenen Umstände. Das musste auch ich erkennen und ich habe mich nach und nach davon befreit. Das war bei meiner Mama mit sehr vielen Konflikten verbunden.

Ich habe sogar die Erkrankung meiner Mutter übernommen und bin jetzt auf dem Weg zur Auflösung und in die vollkommene Heilung.

Leben unter seinem Herzen zu tragen ist ein großes Geschenk und braucht vor allem von der Mutter Annahme und Bereitschaft, da Muttersein vor allem für die werdende Mutter eine große Lebensveränderung bedeutet. Ein Kind zu bekommen, sollte aber grundsätzlich eine bewusste Entscheidung beider Eltern sein. Verantwortung für ein Kind zu tragen ist eine große Verantwortung, wenn nicht sogar die größte, die es zu tragen gilt.

Gleichzeitig hält eine Schwangerschaft und die Geburt vor allem für die Mutter ein großes Potenzial bereit und kann einen Entwicklungs- und Reifeprozess der Mutter und beider Eltern auslösen.

Muttersein bedeutet nicht nur die materiellen Bedürfnisse seines Kindes zu decken. Muttersein bringt mehre wichtige Aspekte von Mütterlichkeit wie Zärtlichkeit, Sanftheit, Hingabe, Weisheit, Schutz, Fürsorge, Trost, Vorbildfunktion, Wertevermittlung, Schenken von Liebe und Geborgenheit mit sich. Diese Aspekte sind für die körperliche, geistige, seelische Gesundheit und Entwicklung eines Kindes genauso wichtig wie die Versorgung mit Nahrung, Kleidung, Bildung und einem Dach über dem Kopf.

Ein Kind benötigt neben der physischen Nahrung auch Nahrung für den Geist, das Herz und die Seele.

Es ist allein Aufgabe der Eltern sein Kind zu lieben, zu fördern und seinem Kind ein stabiles und sicheres Umfeld zu bieten, wo es die Möglichkeit vorfindet, sich bestmöglich zu entwickeln, zu entfalten und zu sich selbst zu finden. Eltern haben die Verpflichtung, bedingungslos für das Kind zu sorgen und dem Kind ein Fundament zu bereiten, ohne dafür eine Gegenleistung zu verlangen oder eine bestimmte Erwartungshaltung gegenüber dem Kind zu haben, um z.B. eigene Mängel und Defizite auszugleichen, um eigene nicht gelebte Wünsche zu erfüllen und sich zu bereichern. Eine Projektion der eigenen Wünsche und Interessen auf das Kind bedeutet den emotionalen Missbrauch des Kindes und fördert eine gestörte Beziehung von Eltern und Kind. Aber auch vertauschte Rollenbilder, z. B. durch Nichtannahme oder Ablehnung der Mutterrolle, bringen das geordnete Familiensystem aus dem Gleichgewicht und haben Auswirkungen auf die seelische Gesundheit und das Leben des Kindes und der ganzen Familie.

Ich wünsche dir, mein Kind, lebe dein Leben. Entdecke dich selbst und gehe voller Freude in die Welt. Sei glücklich. Mache deine eigenen Erfahrungen und lerne aus Fehlern, damit du dich selbst spüren und wachsen und reifen kannst. Wenn du nicht mehr weiter weißt, bin ich für dich da, mit meiner Weisheit.

Wenn der Augenblick gekommen ist, an dem ich dich loslassen muss, tu ich das voller Vertrauen und mit tiefer Dankbarkeit für die Zeit, die ich dich als Mutter ins Leben begleiten durfte, und mit einem Gefühl von Zufriedenheit und Stolz. Ich habe dir alles gegeben, was eine Mutter ihrem Kind geben kann. Ich habe dich genährt und dich auf das, was man Leben nennt, so gut es mir möglich war, vorbereitet. Jetzt entlasse ich dich in deine eigene Zukunft. Es ist der Lauf des Lebens, dass Kinder erwachsen werden und ihre eigenen Wege gehen müssen, um sich selbst zu finden und zu einer eigenen Persönlichkeit mit eigenen Überzeugungen reifen zu können.

Im Herzen bist du immer mein Kind, das ich bedingungslos liebe. Du sollst immer spüren, dass du bei mir willkommen bist, und wenn du wiederkommst, freue ich mich und empfange dich mit offenen Armen. Ich freue mich mit dir über dein Glück und fühle mit dir, wenn du traurig bist, und tröste dich, solange ich lebe.

In meiner Arbeit mit Demenzerkrankten und Sterbenden mache ich immer wieder die Erfahrung, dass die Mutterfigur eine zentrale und wichtige Rolle für uns Menschen spielt. Besonders bei fortgeschrittener Demenz und im

Sterbeprozess kommt die Wichtigkeit der Mutter durch wiederholtes Rufen nach der Mama zum Ausdruck.

Das Rufen und die Sehnsucht nach der Mutter stehen für die Sehnsucht nach Geborgenheit, Fürsorge, Schutz, mütterlicher Liebe und Zuwendung und nach dem Gefühl von Heimat.

Die Mutter trägt ihr Kind neun Monate unter dem Herzen und nährt es durch die Nabelschnur. Diese besondere und einmalige Verbindung zwischen Mutter und Kind bleibt auch nach der Geburt und der physischen Abnabelung ein Leben lang auf der energetischen Ebene bestehen, auch wenn die Kinder bereits erwachsen sind und ihre eigenen Wege gehen. Eine Mutter zu haben, ist etwas Einmaliges in unserem Leben. Eine Mutter kann durch keinen Menschen dieser Welt jemals ersetzt werden, auch wenn er uns noch so ans Herz gewachsen ist. Dies ist völlig unabhängig davon, welches Verhältnis wir zu unserer Mutter haben.

Besonders in krisenhaften Situationen in Leid und Schmerz kommt früher oder später irgendwann in uns die Sehnsucht nach unserer Mutter auf und der meist unbewusste Wunsch unser Kindsein noch einmal spüren zu können.

Es ist wichtig, Mutter und Vater mit Dankbarkeit zu segnen, egal, wie auch immer das Verhältnis ist und war. Unsere Eltern haben uns das Leben geschenkt und unsere Inkarnation überhaupt erst möglich gemacht.

An dieser Stelle möchte ich dir, liebe Mama meinen Dank und meine Wertschätzung öffentlich ausdrücken:

Liebe Mama!

Ich danke dir aus tiefstem Herzen, dass du immer dein Bestes für mich und meine Geschwister getan hast. Trotz deiner schweren Erkrankung und deiner unerträglichen täglichen Schmerzen hast du immer weitergemacht für uns. Dein Leben war nicht gerade leicht und trotz aller Schwierigkeiten hast du nie aufgeben und bist immer stark geblieben. Ich habe deinen Mut und deine Stärke stets bewundert und war sehr stolz, dass du meine Mama warst. Auch wenn es nicht immer leicht war zwischen uns, haben wir doch immer wieder zueinander gefunden und uns gegenseitig unterstützt. Ich werde nie vergessen, was du für mich getan hast, und ich freue mich, wenn wir uns eines Tages am Ende des Regenbogens wieder begegnen und uns in die Arme schließen.

Ich habe dich lieb!

In tiefer Verbundenheit

Deine Silvia

Übung zur Förderung der Selbstannahme und Selbstliebe

Stelle dich vor den Spiegel und schaue dir ganz tief in die Augen. Sage zu dir: „Name, ich habe dich lieb“ und umarme dich dabei. Am Anfang kannst du es vielleicht noch nicht mit ganzem Herzen sagen, aber wenn du es täglich übst, wirst du merken, was sich in dir verändert und welche Energien in dir freigesetzt werden.

Wenn du diese Übung beherrscht kannst du dich auch vor dir verneigen.

Einige Fragen die du für dich durchgehen kannst:

- Was sind deine Stärken? Nenne jede Kleinigkeit
- Was magst du an dir? Was schätzen andere an dir?
- Was magst du an deinem Körper?
- Welche Ziele hast du bereits erreicht?
- Wofür bist du dankbar?
- Lobe dich selbst für das, was du bereits geschafft und erreicht hast, und mach dir Komplimente
- Lobe andere für all das, was sie gut können und gut gemacht haben, und mache anderen Komplimente
- Sage jemanden, wie sehr du ihn schätzt bzw. was du an dieser Person magst.
- Sage jemanden, wie lieb du ihn hast. Wenn wir jemandem danken und ihm eine Freude machen, kommt die Liebe und die Freude automatisch wieder zu uns zurück. (Ursache und Wirkung).

Als Kind habe ich den Menschen und besonders meiner Mama immer wieder zwischendurch gesagt: Ich habe dich lieb und ich konnte die Freude der Menschen immer so stark spüren und das hat mich so glücklich gemacht. Am schönsten war es, wenn niemand damit gerechnet hat.

Danke deinem Körper jeden Tag für alles, was er jeden Augenblick für dich tut, und nimm dich selbst in den Arm.

Dadurch gelangst du wiederum in die Selbstliebe und in die Dankbarkeit. (Das kann ich euch durch eigene Erfahrungen versichern.)

Durch praktizierte Dankbarkeit kommst du aus deinem Mangeldenken heraus und ziehst stattdessen Fülle und Anerkennung in dein Leben. Die Energie der Dankbarkeit setzt ungeahnte starke Energien in dir in Bewegung. Du kannst für die kleinsten Kleinigkeiten in deinem Leben dankbar sein, denn es nichts selbstverständlich, sondern alles in deinem Leben ist ein Geschenk an dich.

Schreibe dir am besten alles auf, damit dir alles noch bewusster wird und sich fest in deinem in deinem Herz verankern kann.

Überlege nicht lange, sondern notiere das erste, was dir in den Sinn kommt. Versuche überall, jeweils drei Antworten zu finden.

Achtsamkeitsübung: *Stelle dich mit hüftbreitem Stand aufrecht hin und fahre mit deinem Becken eine liegende Acht nach. Atme dabei tief durch die Nase ein und den Mund aus und schließe deine Augen.*

Warum fällt es uns so schwer auf Gott in uns zu vertrauen?

Das liegt vor allem daran, weil wir so sehr im Verstand verhaftet sind und unser Herz und Gott mit seiner Führung in uns gar nicht wahrnehmen und seine Stimme im lauten Getöse der Welt nicht hören können. Die Energie unseres Verstandes hüllt sich wie ein dicker Grauer Nebel um uns und je weiter wir in die kognitiven Ebenen abtauchen, desto schwieriger wird es, dem Herzen zu folgen.

Wir werden schon in frühen Jahren dazu erzogen und trainiert, perfekt in das System der Gesellschaft zu passen und für die Wirtschaft den größten möglichen Nutzen zu erzielen und Leistung zu erbringen.

Dadurch geraten wir immer tiefer in den menschlichen Strudel des übermäßigen logischen Denkens, da vorwiegend Wert auf kognitive Fähigkeiten gelegt wird.

Dabei kommt unsere Fantasie, das innere Kind, die Wahrheit in uns und die Verbindung zu uns selbst und zu unserer Herzensenergie viel zu kurz, bis wir uns selbst nicht mehr spüren und unser Herz unter einem Berg von Logik und Leistung vergraben und sogar ganz darauf vergessen.

Eine Ursache dafür, dass wir nicht auf Gott vertrauen können, kann auch sein, dass wir durch Erziehung und Prägungen ein negatives Gottesbild übernommen haben und dadurch mit Gott keine Beziehung und Verbindung aufbauen können. Das war sehr häufig bei unseren Ahnen und der Generation unserer Großeltern so. Diese Generation hatte Angst vor Gott, da ihnen Gott als Richter und ein Gott der Menschen verdammt vermittelt wurde. Diese Angst muss zuerst transformiert werden, damit eine Beziehung zu Gott aufgebaut werden kann. Bei älteren Menschen sitzt das aber meist so tief, dass sie das nicht mehr schaffen und auch durch ihre Gebrechen meistens keine Kraft mehr haben, ihre Aufmerksamkeit auf die „Versöhnung mit Gott“ zu richten. In meiner Arbeit mit Senioren habe ich oft solche Erfahrungen gemacht und miterlebt, wie schwer es diesen Menschen gefallen ist zu sterben.

Unser Herz zeigt uns den Weg zu uns selbst, zu dem, was wir in Wahrheit sind, und es kennt auch den Weg unseres Seelenplans. Doch sind wir bereit, unser Herz wieder wahrzunehmen und unserem Herz wieder die Aufmerksamkeit und Achtung zu schenken, die es sich wünscht? Wenn wir unser Herz nicht mehr wahrnehmen und uns überwiegend vom Verstand leiten lassen, verlieren wir das Vertrauen in die göttliche Führung in uns und somit das Vertrauen auf Gott in uns. Unser Verstand verunsichert uns und lässt uns an der Wahrheit und sogar an der Existenz Gottes zweifeln und einen äußeren Beweis dafür suchen.

Doch der, der glaubt und vertraut, weil er mit Gott verbunden ist, braucht keine äußeren Beweise für Gottes Gegenwart. Dem, der vertraut, und dem, der mit dem Herzen fühlt und in die Wahrheit schaut, genügen seine Erfahrungen, dass er weiß, dass Gott Liebe ist und dass die göttliche Energie in allem Lebendigen ist, weil alles Lebendige aus der göttlichen Energie geschaffen wurde.

Gerade in diesen Zeiten sehnen wir uns nach Sicherheit, Halt und Geborgenheit. Das alles finden wir in uns selbst, wenn wir alles andere loslassen und uns in uns selbst fallen lassen und darauf vertrauen, dass wir von Gott in uns aufgefangen, getröstet und gehalten werden. Gott ist die einzige Sicherheit. Sie ist unvergänglich.

Meine Wahrheit ist, dass Gott reine bedingungslose Liebe ist. Die Liebe Gottes übersteigt jegliche menschliche Vorstellungskraft.

Schau in den Spiegel

Wen bzw. was siehst du? Siehst du jemanden, der sich klein und hilflos fühlt? Oder ist da jemand, der sich selbst gute, liebevolle und aufbauende Gedanken schickt und sich selbst so annimmt, wie er ist? Wenn du das zweite Bild bejahen kannst, darfst stolz auf dich sein, denn du hast bereits den ersten großen Schritt gemacht, um dir selbst näher zu kommen und dein Leben in eine positive Richtung zu lenken.

Unsere Gedanken sind pure Energie und der Ausgangspunkt von dem, was du in deinem Leben als deine Realität wahrnimmst und wie du dich selbst fühlst. Denkst du positiv, liebevoll und wertschätzend über dich und deinen Körper, wird in deinem Unterbewusstsein der Samen für deine Zukunft und dein Leben in Liebe gepflanzt und deine Realität wird sich dementsprechend verändern. Du wirst anders auf Menschen zu gehen und andere werden deine positive Veränderung spüren und dir Achtung und Wertschätzung entgegenbringen, weil du diese Energie ausstrahlst und somit wieder anziehst (Gesetz der Anziehung und Gesetz von Ursache und Wirkung).

Das geschieht natürlich nicht von heute auf morgen. Es verlangt Beharrlichkeit und Achtsamkeit, vor allem, wenn du bis jetzt eher negativ und abwertend über dich gedacht hast und dein Unterbewusstsein dementsprechend gefüttert und trainiert hast. Hier braucht es Zeit, bis du das Vertrauen in dich selbst gewinnst und den Prozess des Lernens der Selbstliebe.

Es geht darum, diesen Prozess umzudrehen, damit eine neue Basis entsteht, auf der du aufbauen kannst, um dir auf einer lichtvollen Ebene wieder neu zu begegnen und mit dir selbst Frieden zu schließen, damit du mit dir selbst in Einklang kommst.

Du hast jeden Augenblick die Wahl, dich mit lichtvollen Gedanken aufzubauen und zu stärken oder dich mit negativen und destruktiven Gedanken zu schwächen und dich als Opfer deiner Umstände und deines Lebens zu fühlen.

Das bedeutet natürlich nicht, dass wir z.B. nicht traurig sein sollen oder nicht auch manchmal unter bestimmten Situationen leiden. Nein, im Gegenteil: Es ist jetzt sehr wichtig, Gefühle zu zeigen, den Schmerz zu spüren, authentisch zu sein und uns so zu zeigen, wie wir sind. Aber es geht darum, nicht auf Dauer in diesem Gefühl hängenzubleiben, denn dann zieht uns unser Gefühlsstrudel nach unten. Es ist wichtig, dass wir uns wieder aufrichten nach der Zeit des Schmerzes und des Leids, um wieder nach vorne blicken und weitergehen können.

Ich habe dich einfach zurückgelassen – Die Heilung meines inneren Kindes

Ich war zehn Jahre alt, als unser Kinderzimmer renoviert wurde. Zu diesem Zweck musste es natürlich vollständig leer geräumt werden. Also habe ich alle meine Spielsachen eingepackt, um sie im Keller zu verstauen. Ich habe sehr gerne und ausgelassen damit gespielt und mich stundenlang selbst beschäftigt und auch beim Malen Raum und Zeit vergessen.

Eigentlich sollte das ja nur für die Zeit der Renovierung sein, doch aus einem mir bis jetzt immer noch völlig unerklärlichen Grund habe ich angenommen, dass mein Spielzeug im neuen Zimmer keinen Platz mehr haben würde und dass ich sie nicht mehr brauche. Doch das stellte sich im Laufe der Zeit als großer Irrtum heraus. Zu diesem Zeitpunkt war mir nicht bewusst, was ich mir und meinem inneren Kind damit angetan und zugemutet habe. Ich meine, kaum ein Kind räumt von jetzt auf gleich sein geliebtes Spielzeug weg. Auch wenn ich mein Spielzeug gerne wieder zurückhaben wollte, war es jetzt nicht mehr möglich, da unser Keller feucht war und alle Spielsachen verstaubt und schimmelig geworden waren. Wir hatten sie nicht in

Kisten verstaut, deshalb sind sie schließlich im Müll gelandet.

Nur einige Kuscheltiere, meine geliebten Hörspiele und eine Puppe sind mir geblieben. Diese Puppe war meine absolute Lieblingspuppe. Sie hat mich in der schweren Zeit meiner Erkrankung als Kind im Krankenhaus immer begleitet. Diese Puppe habe ich mir mit vier, fünf Jahren selbst ausgesucht, kurz bevor ich wieder ins Spital musste. Ich habe ihm den Namen Michael gegeben. Als ich klein war, wusste ich nicht, warum ich genau diesen Namen ausgewählt hatte. Jetzt, im Nachhinein, ist es mir natürlich klar. Es war eine Eingebung vom Erzengel Michael, der mir damit seinen Schutz und seine Gegenwart gezeigt hat. Ich fühlte mich tatsächlich sehr beschützt und geborgen durch die Anwesenheit meiner Puppe Michael. Ich habe diese Puppe heute noch und bin durch sie meinem inneren Kind wieder begegnet.

Es war in meinem jungen Erwachsenenalter, als ich durch ein Lied, in dem es um das innere Kind gegangen ist, den Impuls verspürt habe, Michael in den Arm zu nehmen. In diesem Moment ist alles aus mir herausgebrochen und ich erkannte, dass er in diesem Moment mein inneres Kind symbolisiert. Ich habe einen richtigen Weinkrampf bekommen und spürte eine tiefe Liebe zu meinem inneren Kind. Ich habe es um Vergebung gebeten, dass ich es mit zehn Jahren einfach im Stich gelassen habe. Ich spürte ein starkes Gefühl der Erleichterung und Befreiung. In diesem Moment haben wir uns wieder angenähert und mein inneres Kind hat mir wieder sein Vertrauen geschenkt.

Einige Jahre später durfte ich mit meinem inneren Kind eine wunderschöne Erfahrung machen. Es zeigte sich mir plötzlich in der Stille als wunderschönes kleines Einhorn namens Mephina, das völlig frei, mit Leichtigkeit und Freude, wild und ungezähmt durch die Gegend hüpfte. Genauso war ich als Kind auch. Ich war bis zu meinem fünften Lebensjahr einfach frei und wild und habe meine Ausdehnung in den Himmel gespürt. Ich spürte eine große Lebensfreude und wenn wir unter Menschen waren, bin ich auf alle zugegangen und habe mich vorgestellt und alle begrüßt.

Versöhne dich mit deinem inneren Kind und lass diese Energie wieder zu. Nimm es in den Arm und gib ihm seine Würde, seine Wertschätzung und seinen Platz in deinem Leben und in deinem Herzen wieder zurück, der ihm gebührt. Spiele wieder ausgelassen und tue etwas, das du als Kind gerne getan hast. Ich mache das, indem ich mir Hörspiele aus meiner Kindheit anhöre. Dadurch erinnere ich mich wieder an das Kind, das ich damals war, und lasse mich in diesem Moment in diese Erinnerung fallen.

Das Wunder meines Lebens

Kurz nach meiner Geburt wurde ein Hydrocephalus, umgangssprachlich ein Wasserkopf ,festgestellt. Das Gehirnwasser kann nicht abfließen. In der Folge steigt der Gehirndruck. Mit sechs Wochen hatte ich meine erste große OP, in der mir ein Shunt und ein Schlauch in den Kopf eingesetzt wurden, durch den das Gehirnwasser abfließen konnte. Meine Überlebenschancen und meine Prognose waren absolut schlecht. Die Ärzte teilten meinen Eltern mit, dass, wenn ich überhaupt überleben würde, ich schwer behindert sein würde. Im Jahr 1985 war ich so ziemlich die erste Patientin in Linz, an der diese OP erfolgreich durchgeführt wurde. Bis zum 16. Lebensjahr musste ich mehrmals operiert werden, da der Schlauch während meines Wachstums immer wieder verlängert werden musste. Das Gehirnwasser wurde anfangs über das Herz abgeleitet. Später dann über den Darm. Die Phasen nach den OPs waren für mich immer am schlimmsten. Ich habe die Narkosen nicht vertragen und musste mich ohne Ende übergeben.

Doch entgegen aller Prognosen habe ich mich zwar verlangsamt, aber doch ganz normal entwickelt und meine Ärztin hat mich immer voller Stolz auf der Station präsentiert. Es war für sie der erste Erfolg. Ich bin meiner Ärztin sehr dankbar. Sie war ein Engel in Menschengestalt und in der Zeit des Spitalaufenthalts ein Mama-Ersatz für mich. Sie hat mich oft auf ihren Schoß genommen und war sehr liebevoll zu mir und hat mich immer getröstet, wenn ich um meine Mama geweint habe. Ich habe ihre Aufmerksamkeit und ihre Liebe sehr genossen. So hatte der Aufenthalt im Spital sogar etwas Schönes und ich freute mich sogar auf die Untersuchungen und darauf, dass ich meine Ärztin wiedersehen konnte.

Vor ein paar Jahren wurde ich zu einer Studie eingeladen, in der es um Kinder und ihre Entwicklung ging, die damals die gleiche Erkrankung hatten wie ich. Der zuständige Arzt teilte mir mit, dass ich zu den wenigen gehöre, die das ohne Folgeschäden geschafft hat.

In diesem Moment kamen mir die Tränen. Mir wurde zum ersten Mal klar, was ich da hinter mir hatte, und ich war so dankbar für das Wunder meines Lebens. Ich muss sagen, ich habe bereits im Mutterleib um mein Leben gekämpft (hier verwende ich ausnahmsweise das Wort kämpfen, weil es hier passt). Meine Herztöne wurden immer schwächer und so wurde ich schließlich per Notkaiserschnitt geholt. Zwei Jahr zuvor war es bei meiner Schwester Kerstin genauso wie bei mir, dass ihre Herztöne im Mutterleib sehr schwach waren. Sie hat es nicht geschafft und meine Mutter erlitt eine Totgeburt. Durch ein Channeling erfuhr ich, dass Kerstin mir für diese Aufgabe den Vortritt gelassen hat. Mittlerweile ist ihre Seele wieder hier. Sie hat sich bei meiner Nichte inkarniert und ist jetzt knapp ein Jahr alt. Diese Information habe ich ebenfalls von der Geistigen Welt erhalten.

Ich bin Gott auch hier so dankbar, dass er mich beschützt und unterstützt hat, sodass ich meine Inkarnation überhaupt beginnen konnte.

Mit 15 Jahren hatte ich schließlich meine letzte OP. Meine Ärztin hat mir auf dem Röntgenbild gezeigt, dass der Schlauch direkt am Übergang zum Shunt abgerissen ist und das Ventil nicht mehr funktioniert, ohne dass ich das bemerkt habe. Mein Körper hatte sich also in der Zwischenzeit einen Abfluss gesucht und so ist meine Erkrankung heute ausgeheilt. Das Ventil und der Schlauch werden nicht mehr entfernt, da es dazu nötig wäre, die Schädeldecke von der anderen Seite zu öffnen, und das steht nicht dafür, und ich muss sagen, dass ich heute kaum noch daran denke, dass ich beides noch in mir trage. Ich sage dazu immer humorvoll: „Ich bin nicht mehr biologisch abbaubar.“

An dieser Stelle möchte ich mich bei meiner Familie und ganz besonders meinen Eltern, allen voran meiner Mama, bedanken, dass sie mir nie das Gefühl gegeben haben, dass ich eine Behinderung habe, sondern mich immer „normal“ behandelt haben. Meine Motorik war leicht beeinträchtigt und ich durfte im Turnunterricht ein paar Dinge nicht machen z.B.: kopfüber ins Wasser springen oder einen Purzelbaum oder Hand- und Kopfstand, aber das hat mich nicht gestört, weil ich das sowieso nie machen wollte.

Eine große Chance

Die Corona-Pandemie hat uns allen gezeigt, dass unsere äußere Freiheit vergänglich ist und dass es keine äußeren Sicherheiten gibt. Diese Krise trägt eine große und wichtige Botschaft in sich und soll uns zu uns selbst führen und uns mit uns selbst in Kontakt bringen, indem der äußere Radius verkleinert und unsere Kontakte eingeschränkt werden. Denn wir sind im Außen mit so vielen Dingen beschäftigt und lassen uns so leicht durch Unterhaltung und unwesentliche Dingen ablenken, vom Wesentlichen, vom Kern unseres Seins, um nicht hinschauen und hinhören zu müssen, was uns unsere Seele und unser Herz mitteilen möchten. Durch die Coronapandemie wurden wir zu uns selbst geführt. Wir wurden mit uns selbst, unseren Schatten, die unseren größten Schatz beherbergen, konfrontiert. Doch haben wir diese Chance auch erkannt und genutzt? Das ist eine gute Frage, die meiner Meinung nach nicht eindeutig zu beantworten ist. Denn wir bleiben viel lieber in unseren alten Gewohnheiten und unseren Erfahrungen, mit denen wir uns sicher fühlen, und verlassen nur ungern unsere Komfortzone, um unsere Fixierungen, die bereits bei den kleinen Dingen im Alltag beginnen, loszulassen. Ich kann für mich behaupten, dass ich meine Chance dieser Gelegenheit genutzt habe, um mich aus meinem Konstrukt von scheinbaren Sicherheiten und veralteten Gewohnheiten, die schon längst nicht mehr zu mir passen, zu befreien. Ich spüre Erleichterung und eine Explosion neuer Erfahrungen und Gestaltungsmöglichkeiten meines Tages. Ich gelange jetzt immer mehr zu den wesentlichen Dingen, die mein wahres Wesen nähren und mein Herz erfreuen und ich gehe immer noch weiter in der Auflösung, so lange, bis mein wahres Sein vollkommen freigelegt ist und in die Welt strahlt. Ich weiß, ich kann es schaffen, achtzig Prozent an reinem göttlichem Licht aufzunehmen, so wie Jesus. Das ist mein Ziel.

Äußere Freiheit – eine Illusion

Für viele ist die äußere Freiheit das höchste Gut, das sie vor allem während des Lockdowns mit aller Macht durch Demos zu verteidigen versuchten. Doch die äußere Freiheit ist eine Illusion, der wir verfallen sind. Wir sind nur so frei, wie wir uns selbst fühlen, und wir besitzen nur jene Freiheit, die wir uns selbst geben, indem wir unsere inneren Grenzen und vor allem die Mauern um unsere Herzen auflösen und wieder in die All-Verbundenheit gehen. Die wahre Freiheit beginnt immer in uns selbst. Wir können im Außen noch so viele Freiheiten haben und uns dennoch innerlich schwer und eingesperrt fühlen. Wir sind selbst unser eigener Gefängniswärter und nur wir besitzen auch den Schlüssel, um uns aus dem Gefängnis unserer Angst zu befreien.

Im Bewusstsein der Liebe liegt die einzige und wahre Freiheit der Kinder Gottes.

Du kannst dir dazu folgende Fragen stellen:

- Womit begrenze ich mich selbst?

- Wer kann mir meine Freiheit geben?
- In welchen Lebensbereichen fühle ich mich unfrei?
- Womit und von wem lasse ich mich begrenzen?
- Was bedeutet für mich Freiheit?
- Wie kann ich mich befreien?
- Was würde passieren, wenn ich mich befreit habe?
- Was würde ich tun, wenn ich mich vollkommen frei fühlen würde?

Zurück zur Quelle

Die Dunkelheit hat keine Quelle. Schatten ist dort, wo das Licht noch nicht alles erhellt hat. Die Dunkelheit ist vergänglich und wird durch den Aufstieg in die 5. Dimension in uns und im Außen vom Licht durchströmt. Das Licht hat eine Quelle – Liebe –, sie wirkt ewig in uns und bleibt auch, wenn alles Vergängliche vergeht. Das Licht und die Liebe bleiben als Einziges, auch wenn wir sterben. Niemand hat jemals die Macht, uns das Unvergängliche in uns, unsere Göttlichkeit und unser Herz zu nehmen. Kein Umstand, kein Ereignis, kein Leid dieser Welt kann uns jemals von der Liebe Gottes abschneiden, auch wenn wir die Liebe Gottes nicht spüren und glauben, Gott hat uns verlassen. In diesem Moment dürfen wir wieder in uns gehen, dort in unserem Herzen wohnt Gott und wirkt zu jeder Zeit bedingungslos für uns, auch wenn wir es nicht spüren, weil wir uns selbst von Gott in uns entfernt haben. Wir sind oft zu sehr mit dem Außen beschäftigt, sodass wir den Kontakt mit uns selbst und Gott in uns verlieren.

Wir dürfen jederzeit zur Quelle zurückgehen und uns wieder mit Gott in uns verbinden. Am einfachsten gelingt das durch eine bewusste und tiefe Atmung. Der Atem ist der Odem Gottes und bringt uns am schnellsten in die Ruhe und Entspannung.

Dazu gibt es eine Zentrierungsübung, die du auch leicht in deinen Alltag einbauen kannst, vor allem, wenn du aufgewühlt bist, damit du wieder in deine Mitte kommst: *Stell dich mit hüftbreitem Stand hin. Beim Einatmen gehen deine Arme über deinem Kopf zusammen. Halte kurz die Luft an. Beim Ausatmen führst du deine Arme langsam nach unten bis zum Becken.*

Du kannst diese Übungen auch mit einer Affirmation verbinden. Arbeite am Anfang aber immer nur mit einem Leitsatz (für drei Wochen). Unser Unterbewusstsein braucht Zeit, um sich an die bewusste Beeinflussung und Steuerung gewöhnen zu können. Verwende nicht das Wort NICHT in deinen Affirmationen, da das Unterbewusstsein das Wort NICHT streicht bzw. nicht wahrnimmt. Sage das, was du dir wünscht, und stelle es dir so vor, als wäre es schon geschehen und das so klar wie möglich.

Falsch z.B.: Ich will nicht mehr leiden. Das Unterbewusstsein versteht: Ich will mehr leiden.

Richtig: z.B.: ICH BIN gesund und empfange zu jeder Zeit Fülle in meinem Leben.

Unser Unterbewusstsein ist ein Garten, in dem alle unsere Gedanken, Worte und Glaubenssätze von uns gesät werden. Beginnen wir unseren Garten bewusst zu gestalten und nur noch das zu ernten, was wir bewusst angepflanzt haben.

Gedankenkontrolle

Achte auf deine Gedanken, denn sie haben große Macht über dich und im Außen. Bevor du einen Gedanken aussendest, ist es wichtig, diesen zuerst zu

- korrigieren (falls notwendig)
- zu kommandieren und ihn dann wieder
- neu auszusenden

Es geht darum, uns darüber bewusst zu werden, was wir den ganzen Tag so denken. Zu diesem Zweck ist es hilfreich, am Abend vor dem Einschlafen eine Tagesreflexion zu praktizieren und sich am besten zumindest die wichtigsten Punkte zu notieren, um sie im Blick zu behalten.

Die bewusste Aussprache ICH BIN aktiviert die Christusenergie in uns.

Zwei wunderbare Leitsätze, mit denen ich gerne arbeite:

- *ICH BIN gesund und glücklich und ich empfange in Leichtigkeit alle himmlische Fülle.*

Ich danke aus tiefstem Herzen

- *ICH BIN Gott in MIR! ICH BIN Gott in meinem Herzen.*

So sei es.

Beispiele für Wörter, die deine Energie und die Frequenz im Kollektiv schwächen:

- Wahnsinn. Wenn du dieses Wort verwendest, sendest du automatisch den Wahnsinn in die Welt. Wenn du jemanden als wahnsinnig bezeichnest, erklärst du diesen Menschen für krank.
- Unheimlich schön: Hier besteht ein Widerspruch, denn etwas kann nicht gleichzeitig unheimlich und schön sein. Diese beiden Wörter haben absolut keinen Zusammenhang. Als unheimlich bezeichnen wir etwas, wovor wir Angst haben, oder etwas, das in uns ein mulmiges Gefühl auslöst.
- Ich kämpfe um oder mit etwas: Kampf und zu kämpfen bedeutet immer Krieg zu führen entweder gegen sich selbst oder jemand anderen. Dadurch ist dein Leben immer schwer und du verlierst wertvolle Kraft und Lebensenergie, die du zur Versöhnung nutzen könntest.

Wenn uns etwas Schönes zu Teil wird oder wir beschenkt werden:

- Womit habe ich dies oder das verdient: Mit dieser Aussage setzen wir uns selbst herab und blockieren die Energie der Gnade.
- Dies oder jenes ist unglaublich: Damit blockieren ebenfalls die Gnade und die Energie der Fülle

Ein Beispiel für eine förderliche Aussage:

- Wunderbar, wunderschön: Damit wird die Energie und die Kraft der Wunder aktiviert. Wenn du dich über etwas aufregst oder in einer Emotion verhaftet bist, dann sage den Satz: „Es ist, wie es ist.“ Somit neutralisierst du die Energie, deine Emotion und kannst leichter aussteigen.

Stelle dir die Frage: Will ich leiden oder möchte ich glücklich sein? Triff eine klare Entscheidung und richte dich mit deinen Gedanken neu aus, dadurch wird deine Transformation in Gang gesetzt.

Du kannst die Vergangenheit nicht ändern, aber du kannst im Hier und Jetzt mit deiner Gedankenkraft deine Zukunft positiv beeinflussen.

Die Seele

Keine Seele gleicht der anderen. Jede Seele ist durch ihren Seelenstrahl unverwechselbar und schon von Weitem im Universum erkennbar.

In der Neuen Zeit ist die Maske des Egos nicht mehr zum Schutz unserer inneren Schönheit und unserer Göttlichkeit notwendig. Die grobstofflichen Energien lösen sich immer mehr von unserer Aura, so ist der Lichtkörper wieder freigelegt und der Seelenstrahl wieder sichtbar. Der Seelenstrahl enthält alle Merkmale und Informationen der Seele und gibt Auskunft über den Seelenplan. Der Seelenstrahl ist das göttliche Leitbild, mit dessen Hilfe sich die Seele orientiert und definiert. Durch den Seelenstrahl stehen wir als Seele alle Zeit in Kontakt und in ewiger Verbindung mit Gott und seiner Urquelle, dem ewigen Licht.

Der Seelenstrahl ist eine Lichtsäule, mit der die Seele identifiziert werden kann. Wir werden als Seele darüber genährt. Er ist somit die energetische Nabelschnur und erfüllt dieselbe Funktion, der Nabelschnur zwischen Mutter und Kind, nur mit dem Unterschied, dass diese Verbindung über unsere energetische Nabelschnur die gesamte Inkarnation bestehen bleibt und nicht durchtrennt werden kann.

Unsere Zeit ist nun gekommen

Jetzt kommt unsere Zeit, die Zeit der mutigen Seelen der Erdenengel und Sternenwesen, die sich bereit erklärt haben, Mutter Erde mit ihrem Sein beim Aufstieg zu helfen und ihr zu dienen.

Lege deine Zweifel ab, geliebte Seele, damit du wirken und deinen Auftrag erfüllen kannst. Der Zweifel ist menschlich, er bringt dich jedoch nicht weiter. Im Gegenteil, Selbstzweifel führen dich immer wieder nur ins Bewusstsein der Zweiheit (Dualität) und in die Trennung und in die Angst und Unsicherheit. Du fühlst dich machtlos und mutlos. Doch das bist du nicht und das warst du nie. Erinnere dich an DICH SELBST und sei das, was du immer warst und ewig sein wirst!

Auch Jesus hatte Zweifel, doch er ist nicht darin verharrt, sondern hat sich immer wieder bewusst mit seinem höherem Selbst verbunden und ist mit Gott in Kommunikation und in Verbindung getreten.

Ich habe lange gezweifelt, doch jetzt spüre ich es ganz klar, wer und was ich wirklich bin. ICH BIN mehr als mein menschliches Sein mit all meinen Funktionen und Rollen, die ich nur ausübe, aber ich bin nicht was ich als Mensch ausübe.

Du bist nicht dein Körper. Du bist mehr als deine reine menschliche Präsenz. Du bist göttlich und als Seele unsterblich.

Wir haben vergessen, wer wir sind und wozu wir gekommen sind. Wir haben als inkarnierte Erdenengel und Sternenwesen von Gott die Kraft und die Macht erhalten, unsere Ängste und Zweifel zu überwinden und uns über das menschliche Bewusstsein, das größtenteils dem Verstand unterliegt, zu erheben und in unser wahres Sein und unsere Göttlichkeit einzutauchen.

Erinnere dich, wer du bist und welchen Seelenauftrag du mitgebracht hast. Die Erde braucht dich jetzt mit deiner göttlichen Macht, deinem Licht, deiner Größe, deiner Göttlichkeit, um die Neue Zeit endgültig manifestieren zu können.

Jetzt, in diesem Augenblick, ist der Moment, dich aus dem Bewusstsein der Angst und des Zweifels zu erheben in die Ebene der göttlichen Einheit. Hier gibt es keinen Zweifel und keine Angst, sondern nur das innere Wissen und die Klarheit, dass du ein machtvolles göttliches Wesen bist, das gekommen ist, um zu wirken und seine Macht zu leben zum Wohle aller!

Du wirst JETZT gebraucht, mit all deinen Gaben und deiner spirituellen und göttlichen Magie.

Erinnere dich JETZT und beginne mutig und beharrlich deine Göttlichkeit zu leben, denn dazu bist du bestimmt!

Spüre in dein Herz, es führt dich zu dir selbst. Zu dem was du wirklich bist.

Die Kraft unseres Seelennamens

Unser Seelenlicht strahlt in die Welt und erhellt die Erde. Niemand kann unser Seelenlicht auslöschen. Es leuchtet und erfüllt die Herzen mit Liebe und die Erinnerung an Gott in uns – unsere Heimat.

Unsere Seele kennt den Weg nach Hause und sie schickt uns immer wieder Impulse, um auf unserem Seelenweg zu bleiben.

Bist du bereit, dein Seelenlicht anzuerkennen und deiner Seele zu vertrauen?

Lausche dem unverwechselbaren Klang deiner Seele und verbinde dich mit ihr in der Stille, dann verfolgst du deinen Seelenplan und lebst deine Berufung.

Während der Ausbildung zum Engelmedium bei Belgin Groha durfte ich in einer Meditation meinen Seelennamen und auch meine Seelenfarbe bzw. meinen Seelenstrahl empfangen.

Shananta e... ist mit der Farbe rosa mein Ruckzuck-Zugang zur Geistigen Welt. Ich staune immer wieder, wie rasch ich damit die mediale Verbindung herstellen kann.

Seitdem ich weiß, dass rosa meine Seelenfarbe ist, trage ich auch wieder gerne die Farbe rosa, weil ich mich jetzt wieder vollkommen damit identifizieren kann. Rosa steht für Zärtlichkeit, Sanftmut, Mütterlichkeit und bedingungslose Liebe.

Jeder kann seinen Seelennamen und seine Seelenfarbe erfahren. Er ist unser göttlicher Abdruck, unsere ewige Identität. Damit werden wir von den Engeln und Lichtwesen gerufen.

Jede Seele hat ihren ganz eigenen Klang und Ton. Die Geistige Welt kennt jeden Einzelnen.

Wir werden uns unser wahres göttliches Wegen wieder gegenseitig offenbaren und uns erkennen. Das ist ein Geschenk der Neuen Zeit.

Ein besonderer Tausch

Eines Tages habe ich von meinem Schutzengel Manuel die Mitteilung erhalten, dass er ebenfalls die Reise auf die Erde antreten und sich als Mensch inkarnieren und so Erfahrungen sammeln möchte. Das Schönste dabei ist, dass wir dabei unsere Plätze tauschen, d.h., dass ich seine Reise als Mensch als sein Schutzengel begleiten und ihn unterstützen darf, so wie er mich während meiner zahlreichen Inkarnationen begleitet, geführt und beschützt hat.

Im ersten Moment verstand ich nicht, was er damit meinte, weil ich so überwältigt war, aber im nächsten Moment fühlte ich mich so geehrt und glücklich, dass mein Schutzegel mich für diese doch sehr verantwortungsvolle und hohe Aufgabe ausgewählt hat.

Die Geistige Welt und Manuel müssen schon sehr viel Vertrauen in mich haben, um mir diesen Auftrag zu erteilen. Aber hier sehen wir, dass die Geistige Welt mehr von uns sieht als wir selbst und bedingungslos an uns glaubt.

Die Geistige Welt teilt mir immer wieder mit: Wenn du dich so sehen könntest wie wir dich sehen, du würdest sofort in deiner vollen göttlichen Größe erstrahlen und alle Zweifel und Ängste ablegen. Seither trage ich diese Offenbarung wie einen Schatz in meinem Herzen.

Ich freue mich schon sehr auf diese wunderbare Aufgabe und ich werde sie in größter Liebe, Achtsamkeit, Demut und Dankbarkeit ausführen.

Hut ab, vor dir liebe Anika!

Während meiner Ausbildung zum Engelmedium im März 2022 durfte ich eine unendlich starke junge Frau und ihr tragisches Schicksal kennenlernen. Ihr ist das passiert, was der pure Albtraum für alle Eltern ist. Plötzlich und völlig unerwartet ist ihre Tochter Luna eines Nachts gestorben. In ihren Büchern erzählt sie ihre traumatische Geschichte und berichtet davon, wie sie ihren Weg gefunden hat, damit umzugehen, und ihrer Tochter in neuer Weise begegnet.

Für mich ist Anika mit ihrem Sein und ihrer Stärke eine der größten Persönlichkeiten, die mir begegnet sind. Ich bewundere ihren Mut, ihre Kraft und ihre Stärke, mit der sie ihren Weg trotz ihrer Trauer und mit diesem schweren Verlust für ihre Familie und Luna weitergeht und Methoden entwickelt, um ihrer Tochter nahe sein zu können, und damit betroffenen Eltern als Vorbild dient und ihnen Trost spendet.

Es ist ein großes Herzensanliegen, Anika in meinem Buch Raum zu geben, weil ich der Überzeugung bin, dass alle Eltern ihren Kindern ewig nahe sein möchten und Anika auf dem Gebiet der Astralreisen und außerkörperlichen Erfahrungen eine große Chance bietet, ihre Kinder wiederzusehen und mit ihnen neue Seins-Zustände erleben zu dürfen.

Channeling für Lichtarbeiter mit meinem Geistführer **Jesus**

Ich grüße euch, meine geliebten Seelenfreunde und Krieger des Lichts! ICH BIN DER ICH BIN und spreche aus dem göttlichen vereinten Feld zu euch, um euch daran zu erinnern, wer ihr in Wahrheit seid. Ihr seid genauso wie ich machtvolle und schöpferische Wesen und inkarnierte Lichtwesen, die sich mutig bereit erklärt haben, den Aufstiegsprozess von Mutter Erde und der Menschheit zu begleiten und zu unterstützen. Ihr habt dazu alle göttlichen Werkzeuge und Informationen mitbekommen. Ihr tragt alles in euch, was ihr dazu braucht, um euren Auftrag zu erfüllen und um mit eurem Seelenlicht die Welt zu erleuchten. Jetzt geht es nur noch darum, euch selbst mit eurer göttlichen Größe zu erkennen und euch damit anzunehmen, damit ihr in eure volle Kraft kommen könnt. Die größte Angst der Lichtarbeiter ist die Angst vor der eigenen göttlichen Größe und sich damit öffentlich zu zeigen. Ihr wurdet in vergangen Inkarnationen dafür verspottet, ausgelacht, weggejagt und sogar getötet, so wie ich. Doch das wird nicht mehr geschehen, denn es wurde alles so von uns bereitet, dass es diesmal gelingt. Diese Energie des Schmerzes und dieser Angst ist immer noch in eurem Energiefeld wirksam. Schaut genau hin auf eure größte Angst und auf euren größten Schmerz, denn dort liegt euer größte Potenzial, das ihr der Welt zu geben habt.

Werdet auch bewusst, wer ihr seid, denn die Welt braucht euch JETZT mit eurem vollen göttlichen Bewusstsein und eurem strahlenden Licht. Ihr seid jetzt die Erlöser für die Welt und ich bin bei euch. Ich wirke in euch, in jedem Augenblick und ich leite und führe euch auf eurem Weg zurück zum Licht und zur Wahrheit.

Ihr seid die mutigen Vorreiter, die mit ihrem Licht anderen, die nachfolgen, den Weg zeigen. Geht und bleibt im Vertrauen und bleibt in eurer Energie der Herzensmitte, damit eure Frequenz konstant hochgehalten werden kann. Egal, was im Außen passiert, bleibt bitte bei euch selbst und begebt euch nicht mehr in die Energie der Trennung und der Angst, denn dann könnt ihr nicht in eurer Kraft wirken.

Ihr werdet gebraucht, mehr als jemals zuvor. Die Entscheidung ist gefallen und es gibt kein Zurück mehr und das ist gut so.

Wir schaffen es gemeinsam, mit der vereinten Energie der Herzen und des Lichts.

Ihr seid nicht alleine und ihr wart es nie und ihr werdet meine Gegenwart spüren, wenn ihr euch in euch selbst zurückzieht, und eurem Herzen und eurer Seele zuhört.

Ihr seid unermesslich wertvolle Lichtstrahlen im Universum und ihr seid unendlich geliebt, beschützt und geführt, denkt immer daran!!

Shalom adonai

Jesus- der ICH BIN

Meine schönste und höchste Zukunftsvision – so lebe ich in der Neuen Zeit

Ich habe bei meiner lieben Seelenschwester Asisa eine Sitzung für Aurachirugie gebucht, um die letzten Reste meiner Angst zu lösen, die mich noch blockieren und davon abhalten, in mein volles Potenzial einzutauchen. Dadurch hat sich meine Vision, die seit einigen Jahren immer wieder in meinem Herzen auftaucht im vollen Ausmaß gezeigt. Seither weiß ich, dass es zur richtigen Zeit so kommen wird, weil es meine Wahrheit, mein Weg und meine göttliche Berufung auf Erden ist, so zu leben.

Ich lebe in einer Holzhütte am Waldrand, die als Begegnungsstätte für all jene dient, die die Liebe Gottes in sich entdecken und spüren möchten sowie für alle Tiere des Waldes. Ich wirke dort als Heilerin und Lehrerin der Neuen Zeit und als Autorin. Meine Hütte besteht aus zwei Räumen. In einem lebe ich und der zweite Raum dient als Gemeinschaftsraum. Ich lehre die Menschen, die Christusenergie ins sich zu spüren und die Herzensbildung, die in der Neuen Zeit wichtiger sein wird als alles andere, was wir bis jetzt gelernt und erfahren haben. Der Duft von Nadelholz liegt in der Luft und in meinem Schlafraum ist ein großes Dachfenster, durch das ich den Himmel bestaunen kann.

Im Küchenbereich steht ein Herd, den ich mit Brennmaterial beheizen kann, das für die Umwelt keinerlei Schaden darstellt. Ich lebe so einfach wie möglich und im Einklang mit Mutter Erde. Vor meiner Hütte befindet sich ein Gemüsegarten, mit dem ich mich selbst ganz leicht versorgen kann, sowie ein Teich und eine Holzbank, auf der ich jeden Tag sitze und dem Vogelgesang lausche. Ich trage einfache Kleider aus Leinen in der Farbe dunkelblau.

Jeden Tag kommen viele Menschen in mein Haus, die dieselbe Vision der Liebe Gottes in sich tragen und leben möchten wie ich. Wir singen und beten gemeinsam und preisen und danken Gott dadurch.

Ich bin vollkommen geheilt von meiner Erkrankung und brauche keine Medikamente mehr.

Außerdem habe ich einen Hund aus dem Tierschutz.

Hast du dir schon einmal Gedanken darüber gemacht, wie du in der Neuen Zeit leben und wie du wirken möchtest? Es ist ganz wichtig, zu wissen, was wir wollen, damit wir es erschaffen können. Gehe mit deiner Aufmerksamkeit in dein Herz und lausche, was es dir zu sagen hat und was es dir zeigt. Es kann sein, dass es nicht beim ersten Mal klappt, weil du vielleicht noch zu viel im Verstand bist und die Herzensenergie damit blockierst, aber es wird klappen, wenn du dranbleibst und immer wieder in dein Herz gehst, wo dein wahres göttliches Wesen wohnt.

Ich möchte dich dazu ermutigen, in dein Herz zu spüren und dir deine Vision und dein Leben in der Neuen Zeit anzusehen. Vielleicht hast du schon öfter Bilder empfangen von dir und hast dich in deinem neuen Leben gesehen.

Bleibe dran und nimm diese Bilder ernst. Es sind Bilder aus deinem Herzen, die dein wahres Sein offenbaren und dein Wesen, so wie es leben, sein und wirken möchte. Schenke diesen Bildern mehr Aufmerksamkeit und schreibe dir alles auf, was du siehst, hörst, riechst, wie du aussiehst, wo und wie du lebst. Was hast du an? Alles ist wichtig, um deine Vision zu erschaffen.

Wenn ich die Bilder meiner Vision in mir aufleben und mich hineinfallen lasse, dann hüpft und klopft mein Herzen vor Freude und alles in meinem Körper beginnt zu pulsieren. In diesem Moment bin ich vollkommen bei mir und meinem wahren Wesen angekommen und kann so meinen Seelenauftrag am besten erfüllen. Ich habe keinen Plan, wie sich meine Vision genau erfüllen wird, und das ist auch nicht nötig, denn ich brauche mich nur auf Jesus und meine göttliche Führung zu verlassen und meinem Herzen zu folgen, dann wird sich alles fügen, weil es mein Seelenplan ist.

Kinder träumen GROß

Kinder träumen davon, eine Prinzessin oder ein Ritter zu sein oder zu fliegen oder Astronaut zu werden, und leben ihre Vision im Spiel und glauben fest daran.

In der Schule und spätestens, wenn wir ins Berufsleben einsteigen, werden unsere Träume und Visionen immer kleiner, weil uns unsere Vorstellungskraft abtrainiert wird.

Jetzt, in der Neuen Zeit, dürfen unsere Ziele und Visionen wieder ganz groß werden und wir beginnen unsere Träume endlich zu leben, anstatt sie zu träumen. Wir schlafen nicht mehr den Schlaf der Illusion, sondern erwachen in der göttlichen Wirklichkeit.

Habe wieder große Visionen, wie in deiner Kindheit, auch wenn es noch so unmöglich erscheint. In der Neuen Zeit wird viel mehr möglich sein, weil wir uns nicht mehr von unserm Verstand beeinflussen und blockieren lassen, sondern auf unser Herz hören und unserm Herz voller Vertrauen folgen.

Vielen Dank, Joseph Seraphim

Meine Mama ist im Bett gelegen, weil sie sehr hohe Blutdruckwerte hatte. Sie war innerlich sehr aufgeregt, klagte über Schwindel, Übelkeit und zitterte am ganzen Körper. Ich bin im Bett neben ihr gesessen, als ich plötzlich eine riesige weiße Gestalt an ihrem Kopf wahrgenommen habe. Ich erkannte sofort, dass es der Schutzengel meiner Mama, Joseph Seraphim, war. Er sagte zu mir: Ich werde deiner Mama jetzt helfen, damit es ihr wieder gut geht. Ich beobachtete das Geschehen und er erklärte mir alles, was er gemacht hat. Als er mit seiner Energieübertragung fertig war, gab er mir die Botschaft: „Sage deiner Mama, dass sie jetzt sehr tief schlafen wird, und danach geht es ihr wieder gut!“ Ich habe alles genauso weitergegeben. Im selben Moment ist meine Mama tief eingeschlafen. Als sie aufgewacht ist, waren die Beschwerden verschwunden und der Blutdruck war wieder im Normalbereich.

Dieses Erlebnis berührt mich bis heute tief in meinem Herzen und ich staune immer wieder über die wunderbaren Energieübertragungen unserer Engel, die in Lichtgeschwindigkeit verlaufen. Durch die neue Zeitqualität übertragen die Engel ihre Energie noch schneller, das darf ich auch bei der Auraharmonisierung bei meinen Klienten miterleben.

Eine überraschende Begegnung

Vor ein paar Jahren unternahm ich im Zuge meiner Ausbildung zur Spirituellen Beraterin nach T. Lippuner eine Reise nach Medjugorije. Wir hatten uns zum täglichen Rosenkranzgebet versammelt. Jeder betete in seiner Sprache. Ich war mitten in der Menschenmenge, als ich auf einmal wunderschöne, strahlende Farben sehen konnte, und plötzlich sah ich mit meinem inneren Auge Maria in ihrer göttlichen Präsenz. Auch zu ihr spüre ich schon lange eine tiefe Verbundenheit. Sie hatte eine unfassbare göttliche Ausstrahlung und Anmut. Sie war ganz still und einfach da. Sie berührte mich in meinem Herzen. Sie teilte mir mit, dass ich einen Seelenanteil von ihr in mir trage. Ich konnte das sehr gut annehmen, da ich immer die Liebe zum Dienen gespürt habe. *Vater, dein Wille geschehe an mir.* Diesen Satz höre ich immer wieder in mir. Er hat eine große Bedeutung für mich und gehört zu mir und meinem Leben. Auch das Gefühl und der Gedanke, dass mein Leben nicht mir gehört, sondern Gott allein, begleitet mich schon seit meiner Kindheit und es ist meine Wahrheit.

D'Weihnachtsbotschaft

- Jesus is kumma -

Silvia Weidinger

2. Er hod uns an Friedn und D'Wohrheit mitbrocht
und si söwa zum Heil für d'Menschheit g'mocht
3. Er wü uns verwandln und d'Herzn berühm
damit olle d'Liab und s'Leben wieder gspürn
4. Gott söwa is Mensch wor'n vor zwoatausend Johr
doch d' Botschaft der Liebe, die gült noch wie vor

dm F C dm F G7
Mensch woan wie wir ganz oa-fach und kloa und ois was er is, is ehr-lich und wohr

D'Weihnachtsbotschaft: Jesus is kumma

Weihnachtn ist, hobt's is scho ghert?
Jesus is kumma, vom Himmö zu uns Menschen aufd Erd!

Er is Mensch woan wie wia, gaunz oafoch und kloa,
und ois wos er is, is ehrlich und woa!

Er hod uns in Friedn und d'Wohrheit mitbrocht
und sie söwa zum Heil fürd d'gaunze Menschheit gmocht!

Er wü uns verwondln und d'Herzn berührn,
damit olle s'Leben, d'Liab und in Glauben wieda gspian!

Gott söwa is Mensch woan vor zwoatausend Joa,
doch d'Botschoft der Liebe, de güt noch wie voa!

Mochts auf eire Hearzn!

Mochts auf eire Hearzn fürs heilige Kind,
dass da Glaube in eich Einzug findt!

Mochts auf eire Hearzn und lossts eich berührn,
daun kinnts die Gnod und den Frieden in eich söwa gspi-an!

Mochts auf eire Hearzn und werds gaunz gaunz stü,
und heats amoi eini, wos eich Christus sogn wü!

Mochts auf eire Hearzn und lossts afoch zua,
dass Gott eich beschenkt mit seina großn Liab und mit voi gfüde Hend!

Mochts auf eire Hearzn und reichts eich die Hend,
daun werds sicha merkn, dass Gottes Liacht in eich brennt!

Mochts auf eire Hearzn, damit in eich Jesus wiad geboan,
und olle durch eich seine große Liab erfoahn!

Griaß Gott

Griaß Gott, sogt ma bei uns, zum Gruaß und i find, dass des a unbedingt so bleibn muaß, wei der Gruaß is wos s'Bonders und sogt gaunz vü aus, Gott söwa wird augret in Jedem sein Haus.
Nebenbei keats a nu zu unsra Kultur, mocht Österreich aus und keat oafoch dazua.

Dir, meinem ewigen Freund

Oh, mein Meister Du,
bei dir finde ich Heimat und selige Ruh.
Meine Gedanken und Sorgen trägst du hinfort,
an einen mir verborgenen Ort.
Dein Herz ist voll der Güte und Gnade,
das ist deine himmlische Gabe.
Du warst immer bei mir, schon
seit frühesten Kindertagen,
und du hast mich liebevoll durch Schmerz und Leid getragen.
Auch meine Freude teilst du mit mir,
du stärkst mich mit Mut und göttlicher Zier.
Du führst mich aus der Dunkelheit zurück in dein beglückendes Licht,
du hilfst mir, damit mein Leben nicht zerbricht.
Du befreist mich aus der Knechtschaft meiner Angst
Und du verwandelst meine Last in ewige Liebe,
die nur du mir geben kannst.
Ich lasse mich fallen, in deine liebevollen Schwingen, denn
ich weiß: Nur mit Dir kann mein Leben gelingen.
Meine Seele strebt nach dir und gibt sich dir ganz hin,
denn nur mit dir hat mein Leben den wahren einzigen Sinn.
Nur du kennst mein Herz, wie niemand sonst,
es bekommt Flügel, weil du darin wohnst.
Du führst mich zur Ganzheit und machst mich frei,
spendest Frieden und das ewige Heil.
Du schenkst dich mir, im heiligen Brot,
du zeigst mir den Ausweg aus Kummer und Not.
Bei dir ist Zuflucht, Geborgenheit und Trost.

Du bist meine Quelle und mein einziges Ziel,
nach des Lebens irdischen Spiels.
Ich vertraue auf Dich, du mein ewiger Freund,
und möchte nichts mehr sein, als mit dir ewig vereint.

Die Liebe vermehren

Lasst uns gemeinsam die Liebe vermehren
und damit der Welt viel Freude bescheren.
Die Liebe wird mehr noch, wenn wir sie verschenken
und das Wohl unseres Nächsten dabei bedenken.
Liebe ist Nahrung für unsere Herzen
und befreit unsere Seele von Angst, Not und Schmerzen.
Liebe sie gibt nur und will nichts zurück,
sie führt uns zur Quelle, zum Leben zurück.
Nur Gott kann uns geben, wonach wir uns sehnen.
Er kennt uns, er liebt uns und will, dass wir leben.
Nur Gott kann uns geben, wonach wir uns sehnen.
Er liebt uns und hilft uns seine Liebe anzunehmen.

Ich weiß, wer du bist!

Ich weiß, WER DU BIST. Ich kenne dich, so wie niemand sonst, sogar besser als du dich selbst. Ich kenne und spüre deine Gedanken, deine Worte, deine Wünsche, deine Träume und deine Sehnsucht, noch bevor du sie selbst spürst und ausgesprochen hast. Ich sehe dich so wie du dich noch nicht sehen und erfahren kannst. Für mich bist du ewig, rein vollkommen, gesund und ganz.

Egal, wohin immer du auch fliehst und dich versteckst, ich suche und finde dich, im tiefsten Winkel der Welt. Mir ist nichts fremd an dir. Für mich ist alles offenbar und heilig. Du selbst bist heilig für mich. Ich sehe dich mit den Augen der bedingungslosen Liebe und ich habe dir mein Vertrauen geschenkt, weil ich immer an dich glaube und weil ich immer dein Potenzial sehe, das lange versteckt in dir schlummert.

Ich gehe mit dir durch alle deine Höhen und Tiefen und ich reiche dir meine Hand, doch ergreifen musst du sie selbst, weil es deine freie Entscheidung ist, ob du meine bewusste Unterstützung und Hilfe annimmst und mit mir zusammenarbeitest. Doch eins kann ich dir versprechen: Wenn du mich in dein Leben integrierst, wird es leichter, und du wirst eine Art von Liebe und Frieden erfahren, die du nur bei mir findest. Du wirst nach Hause kommen zu dir selbst, dort, wo ich dich mit offenen Armen empfange und mit dir dein Heimkommen feiere.

Du bist meine geliebte Tochter! Du bist mein geliebter Sohn! Nichts auf der Welt und in der Dualität kann unser ewiges göttlich gewebtes Band durchschneiden, wir sind wie Mutter und Kind mit der ewigen Nabelschnur verbunden, über die du das erhältst, was du zum Leben wahrlich brauchst. Wir sind ewig eins in der göttlichen Mitte des Herzens!!!

ICH LIEBE DICH!

Im Vertrauen bleiben

Die Engel weisen mich immer wieder und beharrlich daraufhin, im Vertrauen zu bleiben. Vertrauen ist vor allem jetzt ganz, ganz wichtig, um ruhig und gelassen weiterzugehen. Denn nur im Vertrauen in mich selbst, in meine Mitmenschen und ins Leben kann ich ein Vorbild für andere sein und mein Licht ausstrahlen.

Es ist wichtiger als jemals zuvor, jetzt ins Vertrauen zu gehen bzw. im Vertrauen zu bleiben, um die nächsten Schritte in der neuen Zukunft gehen zu können und gut und unbeschadet durch das Chaos im Außen zu kommen.

Wenn wir im Vertrauen sind, löst sich unsere Angst auf und dadurch können wir die Unterstützung und die Präsenz der geistigen Welt viel besser spüren und gewinnen dadurch Mut, Zuversicht, Erfolg, Wachstum. Wir werden dadurch die Menschen in unsere Leben ziehen, die uns weiterhelfen und unseren Weg unterstützen.

Jetzt geht es wirklich darum zusammenzuarbeiten, zusammen zu helfen und füreinander einzustehen und gemeinsam zu wirken zum Wohle aller. Es wird in der Neuen Zeit keine Einzelkämpfer mehr geben, sondern nur mehr ein Füreinander und ein Miteinander. Alles andere wird unsere Energie blockieren und unsere Frequenz schwächen, sodass wir nicht weiterkommen.

Die Meisterin der Verwandlung

Die Raupe ist ein wahrer Verwandlungskünstler. Sie streift ihr altes Sein einfach ab und lässt alles hinter sich, um als Schmetterling ein neues Leben zu beginnen und um mit ihrer Schönheit durch die Landschaft zu flattern.

Ich freue mich immer sehr, wenn mir ein Schmetterling begegnet, und ich bestaune seine Schönheit.

Der Schmetterling symbolisiert die bunte Vielfalt des Lebens und die Leichtigkeit und Freude des Seins. Unsere lieben Verstorbenen zeigen sich uns sehr gerne als Schmetterling, um uns daran zu erinnern.

Botschaft des Schmetterlings

Erinnere dich wieder an die Leichtigkeit und die Freude des Lebens. Traue dich deine Vielfalt und Buntheit und dich selbst auszudrücken, ohne darüber nachzudenken, was die anderen darüber denken.

Befreiung aus der Angst

„Ich habe Angst, dass alles wieder hochkommt. Es tut so weh.“ Das höre ich immer wieder in Gesprächen. Ich möchte alle, denen es so geht, ermutigen, es jetzt anzupacken und sich selbst aus dem Gefängnis deiner Angst zu befreien und stattdessen das Alte hinter dir zu lassen und ein völlig neues Leben zu beginnen.

Alles beginnt in DIR!

Wenn du deine Themen erfolgreich transformieren möchtest, ist es wichtig, dich deinem Inneren zu zuwenden und dich deinen Ängsten und deinem Schmerz zu stellen, anstatt ihm auszuweichen und ihn zu unterdrücken.

Die verdrängten Themen und Emotionen müssen hoch ins Bewusstsein kommen, denn nur durch die bewusste Auseinandersetzung können sie sich verwandeln und dürfen gehen. Dann vergehen dein Schmerz und deine Angst.

Ich kann dir versichern, wenn du mutig durch deine inneren Prozesse gehst, erwartet dich dein Geschenk, das du endlich auspacken darfst. Es lohnt sich!!! Du wirst mit Liebe, Weisheit, Wachstum und Erkenntnis, Friede und Freude belohnt. Deine Potenziale und deine Schöpferenergie, die so lange in dir vergraben waren, werden sich endlich entfalten und so wirst du zum Segen für die Welt und dein Leben wird sich verwandeln. Du gelangst in deine Kraft und wirst innere Freiheit erlangen.

Jetzt ist es Zeit für die ehrliche Selbstwahrnehmung und Selbstreflexion, um alles Alte hinter dir zu lassen und ein völlig neues Leben im Einklang mit Gott in dir zu beginnen und dich und dein Leben in die göttliche Ordnung zurückzuführen, um die Energie der Neuen Zeit zu spüren und zu leben.

Himmlische Grüße von deinem Schutzengel

Du wurdest mir ans Herz gelegt. Ich spüre alles, was dich bewegt. Seit deiner Geburt bin ich an deiner Seite, spürst du, dass ich dich begleite? Wenn du mich rufst, dann bin ich da und beschütze dich bei Gefahr. Ich gehe mit dir Hand in Hand und, bist du bereit, schreiten wir durch dein Seelenland. Ich liebe dich, das darfst du spüren, wenn deine Gedanken meine Welt berühren.

Ich segne dich und danke dir, dass du deinen Weg beharrlich gehst und ich daran teilhaben darf

In göttlicher Verbundenheit
Dein Schutzengel

Dir stehen mehrere Schutzengel und lichtvolle Helfer, u.a. Wesen von anderen Planeten, deine Ahnen und aufgestiegene Meister seit deiner Geburt zur Seite. Liebevoll begleiten und unterstützen sie dich auf deinem irdischen Weg und sind sofort zur Stelle, wenn wir sie bewusst einladen und um Hilfe bitten. Als du noch ein Kind warst, konntest du seine Anwesenheit noch besser wahrnehmen: Er hat dich am Ohr gekitzelt, hat dir übers Haar gestrichen und begegnete dir in deinen Träumen und deiner kindlichen Fantasie. Damals konntest du alles noch spüren, sehen und hören, weil dir dein Verstand nicht dazwischengefunkt hat. Deine Fantasie ist die Eintrittskarte in die Geistige Welt.

Dein Hauptschutzengel ist der führende Engel deines lichtvollen Helferteams und koordiniert deren Aufgaben. Dein Schutzengel greift sofort ohne dein Einverständnis ein, wenn du dich in (Lebens-)Gefahr befindest, damit du deine Inkarnation fortführen kannst. Sie nehmen Anteil an deiner Freude und deiner Traurigkeit und sie lachen und weinen mit dir und trösten sich.

In allen anderen Angelegenheiten wartet dein Schutzengel liebevoll und geduldig, bis du dein Herz öffnest und ihm erlaubst, dich bei all deinen Zielen und der Erfüllung deines Seelenplans zu unterstützen und dich mit seiner Weisheit zu durchströmen.

Besonders Engel lieben es, bewusst in dein Leben eingeladen zu werden, denn dann wissen sie, dass du jetzt bereit bist, ihrer liebevollen Führung zu vertrauen. Sie lieben es, dir zu helfen.

Die Engel kennen dein Herz und deinen Seelenplan, wie niemand sonst und wenn du ihre Unterstützung und ihre Weisheit nutzt, wird es dein Leben vollkommen verändern und bereichern.

Dein Schutzengel wächst mit jeder Herausforderung, die du meisterst, und entwickelt sich durch dich und mit dir stetig weiter, denn ihr arbeitet als Team zusammen.

Die Erfahrung des Todes

Den Tod erfahren wir auf Erden, wenn wir unser Herz für Gott verschließen und nicht für die Liebe Gottes empfänglich sind. Wir erfahren den inneren Tod durch das Gefühl des Getrenntseins von Gott, von uns selbst und von unseren Mitgeschöpfen. Das ist der einzige Tod, den wir erfahren.

Wir können den Himmel auf Erden in jedem Moment erfahren, wenn wir unser Herz für Gott öffnen. Dann werden wir verwandelt und auferstehen zu neuem Leben. Wir dürfen bereits jetzt hier auf Erden Gott und seine Liebe erfahren und nicht erst nach dem physischen Sterben.

Nicht Gott wendet sich von uns ab, sondern wir wenden uns von Gott ab, aber Gott geht uns nach und schenkt uns seine Liebe bedingungslos in jedem Moment, wie eine liebende Mutter und wie ein liebender Vater.

Aus der menschlichen Perspektive bedeutet der Tod eines geliebten Menschen Abschied. Unser Verstand kann die Wirklichkeit hinter dem Schleier des Vergessens nicht erkennen und erfassen. Für unseren Verstand bedeutet der Tod das Ende und Verlust, doch wenn wir bereit sind, unser Herz für die göttliche Ebene zu öffnen, lichtet sich der Schleier des Vergessens und wir dürfen unseren inneren Blick auf die Wirklichkeit richten. Wir dürfen erkennen und spüren, dass der physische Tod nicht das Ende ist, sondern der Anfang und die Geburt in der Geistigen Welt, wo wir liebevoll von all unseren Lieben und von unserer Seelenfamilie empfangen werden.

Der physische Körper ist vergänglich, doch wir als Seele sind unsterblich und kehren mit all unseren Erfahrungen aus dieser Inkarnation wieder auf die Seelenebene zurück, wo wir erkennen und spüren, dass wir als Seele ewig in Liebe miteinander verbunden sind.

Die Liebe und die Erinnerung an einen geliebten Menschen, der die irdische Welt verlassen hat, ist die ewige Verbindung mit ihm, weil er dadurch in unserem Herzen weiterlebt.

Unsere Verstorben unterstützen uns liebevoll aus der Ebene des Lichts und wenn wir bereit sind, möchten sie uns Botschaften mitteilen, die uns weiterhelfen und unser Leben bereichern.

Besuch von unserem verstorbenen Nachbarn

„Mama siehst du das auch?“, fragte ich.

Meine Mama antwortete: „Ja, Bernhard ist hier. Er wurde kurz zuvor tot in seiner Wohnung aufgefunden. Wir hatten eine sehr gute Verbindung zu ihm. Er ist gekommen, um sich von uns zu verabschieden. Er hat sich uns beiden noch einmal gezeigt in der Küche, so wie er war, und ist, nachdem wir uns verabschiedet haben, weitergezogen.“

Wenn das Herz zur Rose erblüht

Wenn das Herz zur Rose erblüht, verwandelt sich alles in der Welt. Die Rose des verwandelten Herzens umgibt alles und blüht für alle Lebewesen, als Zeichen der bedingungslosen Liebe und Verbundenheit.

Bringen wir die Rose in unserem Herzen zum Erblühen, damit überall dort, wo wir sind, immer mehr Rosen blühen und sich unser Planet in ein Meer aus Rosen verwandelt.

Erwachen

Auf dem Weg des Erwachens begegnen wir all unseren Schattenseiten. Schattenseiten sind unsere Seelenanteile (Eigenschaften in uns, die noch nicht vom Licht beleuchtet sind und die wir an uns nicht mögen und noch nicht annehmen können). Deshalb spalten wir unsere Schattenseiten von uns ab und spiegeln sie unbewusst auf unsere Mitmenschen und verurteilen sie an ihnen.

Durch Bewusstseinserweiterung dürfen wir erkennen, dass unsere Schattenseiten ein großes Geschenk für uns bereithalten, das wir auspacken dürfen, wenn wir sie annehmen und in unser Leben integrieren. Unsere Schattenseiten beinhalten unser größtes Potenzial, das wir leben und in die Welt bringen dürfen. Durch Annahme werden unsere Schattenseiten beleuchtet und wir beginnen, unsere Seelenanteile einzusammeln. Wir werden heil (vollständig, ganz) und so werden wir selbst zum Geschenk und zum Segen für die Welt.

Wenn wir erwacht sind, werden wir selbst zum Christus. Christus ist der erwachte Anteil in uns, der erwachte göttliche Mensch auf Erden.

Der Prozess des Erwachens geschieht immer in kleinen Schritten und in Wellen. Die Geistige Welt weiß ganz genau, wie viel sie uns zumuten kann, um uns nicht zu überfordern.

Bewertung und Verurteilung

Ich hatte ein interessantes Gespräch, in dem es darum ging, dass ein Mann einen Rock getragen hat.

Meine erste Reaktion war: Wow, wie mutig ist das denn? Eine meiner Kolleginnen ging in die Bewertung und ich dachte mir: Ja, genau so entstehen Grenzen und Normen. Früher war es verpönt, wenn eine Frau eine Hose getragen hat, und heute tun es die meisten bei uns.

Genauso ist es, wenn Mädchen mit Jungenspielzeug spielen und umgekehrt. Das spielt doch überhaupt keine Rolle. Es geht darum, aus diesen Begrenzungen auszusteigen und uns frei und lebendig zu fühlen und einfach alles zuzulassen und nicht an Äußerlichkeiten hängen zu bleiben, sonst bleiben wir in der Trennung zurück.

Jedes Mal, wenn wir jemanden verurteilen und äußerlich bewerten, verurteilen und verletzen wir uns selbst. Wir machen uns selbst zu dem, was wir im anderen kritisieren.

Wir sollten daran denken, dass niemand von uns frei von Verfehlungen ist. Das bringt das Gleichnis „Wer von euch ohne Sünde ist, werfe den ersten Stein" treffend zum Ausdruck.

Auch wenn wir unserem Nächsten etwas Gutes tun und im aus Nächstenliebe helfen, kommt dies zu uns zurück. Durch das Gute, das wir unserem Nächsten zugutekommen lassen, tun wir uns selbst ebenfalls etwas Gutes und erhöhen damit unser Licht. *Das kommt im Gleichnis von Jesus „Alles, was ihr einen meiner Brüder und Schwestern tut, habt ihr mir getan" zum Ausdruck.* Wir alle sind durch die Liebe kollektiv miteinander verbunden. Wir alle sind Teil von etwas viel Größerem und wir beeinflussen uns mit unserer Energie und unseren Handlungen gegenseitig.

Danksagung

Ich möchte mich herzlich bei allen wunderbaren und wertvollen Menschen bedanken, die mich auf meinem spirituellen Weg belgeiten und mich unterstützen. Vor allem möchte ich jenen Menschen danken, die maßgeblich zur Entstehung meines Buches beigetragen haben, indem sie mich immer wieder ermutigt, mich bestärkt haben und an mich glauben.

Ganz besonders möchte ich dir danken, meine liebe Seelenschwester Asisa Trageser, denn du hast mir durch deine wunderbaren Gaben und deinem Kartenreading die Tür geöffnet, damit ich über die Schwelle gehen konnte und überhaupt mit dem Schreiben meines Buches begonnen habe. Von dem Augenblick an, wo du mir bei deinem Online-Workshop meine Frage, ob es mir gelingen wird, mein Buch zu schreiben, beantwortet und mir diese wunderbare Botschaft mitgegeben hast, ist es losgegangen mit den Impulsen und Eingebungen. Auch mein persönliches Kartenreading hat dazu beigetragen, dass die Geburt meines „Kindes" eingesetzt hat und ich mit meinem Buch Lichtspuren in der Welt hinterlassen darf, so wie ich es mir immer gewünscht habe.

Außerdem möchte ich mich bei dir, liebe Belgin Groha, bedanken. Seit ich bei dir die Ausbildung zum Engelmedium absolvieren durfte, ist nichts mehr, wie es war – Gott sei Dank!

Und auch dir, liebe Anika Schäller, gebührt mein herzlichster Dank, du bist mir während der Entstehung des Buches immer mit wertvollen Tipps zur Seite gestanden und hast mich immer wieder motiviert weiterzumachen.

Ihr seid wie ein kostbarer Schatz, den ich liebevoll in meinem Herzen trage, und ich danke Gott, dass er mich zu euch geführt hat.

An dieser Stelle möchte ich meinem lieben Seelenfreund – meinem verstorbenen Opa –, den ich zwar als Mensch nicht gekannt habe, aber dafür als Seele und Lichtwesen umso besser kenne, ebenfalls ganz herzlich für seine Unterstützung aus dem göttlichen Licht danken. Er hat mir während meiner Erkrankungen immer wieder Botschaften geschickt und ist mir mit seiner Liebe und Kraft zu Seite gestanden. Auch seine Liebe hat zur Entstehung des Buches beigetragen. Ich spüre schon lange, wie ähnlich wir uns vom Wesen her sind. Danke, Opa! Ich habe dich lieb!

Natürlich möchte ich mich auch bei der Geistigen Welt, bei den Engeln, hier besonders Erzengel Gabriel, bedanken, der mich immer wieder mit seinem Geist und seinen Inspirationen durchströmt, geführt und angeleitet hat und vor allem auch bei meinem Geistführer Jesus, der mir immer den Rücken stärkt und mich in jedem Augenblick mit seiner Liebe durchflutet.

Das Schreiben des Buches und die Fertigstellung des Manuskripts ist wie von selbst gegangen. So durfte es innerhalb von kürzester Zeit entstehen – fast in Lichtgeschwindigkeit. Danke!!!

Ihr seid einfach großartig und wunderbar. Ich bin so glücklich und fühle mich gesegnet!

Über die Autorin

Mein Name ist Silvia Weidinger. Ich wurde 1985 in Linz in geboren und bin im wunderschönen Mostviertel in Niederösterreich zu Hause. Ich liebe Tiere und habe zwei Katzendamen.

Von Beruf bin ich Dipl. Sozialbetreuerin für Altenarbeit. Meine Berufung habe ich jedoch in der Tätigkeit als Engelmedium und Botschafterin der Liebe gefunden. Ausgebildet wurde ich darin von Belgin Groha. Im März absolvierte ich die Ausbildung zum Engelmedium, im September die Ausbildung: Medialität und Jenseitskontakte.
Ursprünglich habe ich meinen Weg mit Reiki begonnen und wurde in alle 7. Grade eingeweiht. Vor ca.
zwei Jahren habe ich mich jedoch in eine neue Richtung orientiert und entwickelt und meine spirituelle Tätigkeit auf völlig neue Beine gestellt.

E-Mail: silvia.weidinger@gmx.at
silvia.weidingermanifestationderliebe.at
Facebook- Seite: Silvia Weidinger Engelmedium und Botschafterin der Liebe
Facebook-Gruppe: Im Christusbewusstsein die Liebe Gottes erfahren und zum Christus erwachen